***ACCESO GRATIS** a la Lectura en la Nube*

Para visualizar el libro electrónico en la nube de lectura envíe junto a su nombre y apellidos una fotografía del código de barras situado en la contraportada del libro y otra del ticket de compra a la dirección:

ebooktirant@tirant.com

En un máximo de 72 horas laborales le enviaremos el código de acceso con sus instrucciones.

UNA REVOLUCIÓN EN LA INTERPRETACIÓN DEL DERECHO

Procedimiento de selección de originales, ver página web:
www.tirant.net/index.php/editorial/procedimiento-de-seleccion-de-originales

UNA REVOLUCIÓN EN LA INTERPRETACIÓN DEL DERECHO

Olga Sánchez Cordero D. de García Villegas

tirant lo blanch
Ciudad de México, 2025

En caso de erratas y actualizaciones, la Editorial Tirant lo Blanch México publicará la pertinente corrección en la página web www.tirant.com/mex/

Este libro será publicado y distribuido internacionalmente en todos los países donde la Editorial Tirant lo Blanch esté presente.

© EDITA: TIRANT LO BLANCH
DISTRIBUYE: TIRANT LO BLANCH MÉXICO
Av. Tamaulipas 150, Oficina 502
Hipódromo, Cuauhtémoc, 06100 Ciudad de México
Telf: +52 1 55 65502317
infomex@tirant.com
www.tirant.com/mex/
www.tirant.es
ISBN: 978-84-1197-026-6
MAQUETA: Tink Factoría de Color

Si tiene alguna queja o sugerencia, envíenos un mail a: *atencioncliente@tirant.com*. En caso de no ser atendida su sugerencia, por favor, lea en *www.tirant.net/index.php/empresa/politicas-de-empresa* nuestro procedimiento de quejas.

Responsabilidad Social Corporativa: http://www.tirant.net/Docs/RSCTirant.pdf

A mis padres:
Sr. Lic. Jorge Sánchez Cordero
Sra. Olga Dávila de Sánchez Cordero

A mis hermanos:
Mayita, Jorge, Víctor, Sergio y Georgina.

A mis padres políticos:
Sr. Prof. Francisco García Villagómez
Sra. Mercedes Villegas de García V.

A mis hermanos políticos:
Francisco, Rocío, Mercedes, Carlos, Luis,
Madeleine, Héctor, Rafael y Felipe.

A mi abuelita:
Sr. Josefina Mier Vda. de De Dávila.

A mi maestro:
Dr. Luis Recasens Siches.

A todos mis maestros.

A mi esposo:
Eduardo.

A mi hija:
Olga.

Índice

Capítulo Tercero
DERECHO VIGENTE

Capítulo Cuarto
INTERPRETACIÓN DEL DERECHO

Capítulo Quinto
LAGUNAS DE LA LEY

Capítulo Sexto
SOLUCIONES ADOPTADAS POR LEGISLACIONES EXTRANJERAS

Introducción

No obstante que el tema de la interpretación del Derecho ofrece más interés para la práctica no deja de tenerlo en la teoría.

Su conocimiento es necesario y su estudio debe apasionar: sin interpretación no hay posibilidad de vida de ningún ordenamiento jurídico.

Las normas están destinadas a ser cumplidas, pero sin la interpretación de ellas no realizan esta finalidad.

La interpretación del Derecho ha sido un tema muy debatido por los autores, y es que a diario se ven clamores sociales de justicia por falta de seguridad o excesiva inclemencia de los jueces en la interpretación del Derecho para aplicarlo a la realidad social.

El legislador elabora normas generales, abstractas, regulando ciertos casos que presenta la realidad social, para después ser el juez el que en su función de intérprete de la norma general elabore la norma individualizada, concreta, particular, conciliando los intereses que por una parte presenta la seguridad y certeza de la ley y por la otra aquella estimación valorativa que se le presenta al juez en los hechos concretos clamando la justicia.

En una época el legislador obnubilado, engrandecido, trató de prohibirle la interpretación de sus normas al juez, pero no se dio cuenta que le estaba prohibiendo a su ordenamiento jurídico la posibilidad de existencia.

El tema de la Interpretación es un tema sumamente importante dentro de la Filosofía del Derecho, se podría argüir que pertenece a la Jurisprudencia técnica, es decir, como el arte de aplicar las normas jurídicas. Sin embargo, es un problema suscitado por el Derecho a la Filosofía, un producto de necesarias crisis de la conciencia jurídica que el mismo dogmatismo provoca y no puede afrontar, y son los ius-filósofos los que en el campo teórico han tomado por su cuenta este tema.

Grandes maestros han escrito sobre la Interpretación del Derecho aportando cada uno de ellos un poco o un mucho en la crítica a las escuelas tradicionales que consideraban al Derecho como una ciencia a la cual se le podían aplicar los mismos métodos que a las ciencias físico-matemáticas o biológicas, no tomando en consideración que el Derecho como producto social, como obra humana, y como una necesidad que toda sociedad posee para poder convivir no debe ser tratado como una ciencia matemática, sino precisamente como humana.

Es al maestro Dr. Luis Recasens Siches a quien debo la elaboración del presente trabajo. Siguiendo sus orientaciones y sus enseñanzas. Es el maestro quien ha aportado a este tema un gran avance, al decir de una manera categórica que el Derecho se interpreta en el campo de la lógica, pero no en el campo de esa lógica tradicional físico-matemática, sino en el campo de la lógica de lo humano.

Quiero con todo cariño dar las gracias a las atinadas enseñanzas de mis maestros y sobre todo de mi maestro Recasens.

Capítulo Primero

Colocación del tema dentro de la problemática jurídica

BREVE REFERENCIA A LA FILOSOFÍA GENERAL, DIFERENCIA ENTRE ÉSTA Y LAS CIENCIAS. FILOSOFÍA DEL DERECHO

¿Qué es la Filosofía?

Filosofía significa amor a la sabiduría. La Filosofía es decir de Ortega y Gasset "es el problema de lo absoluto, y el absoluto problema"[1].

Sus problemas capitales son: ¿Qué es el mundo? y ¿Qué valor tiene? Quien se haya contestado ambas preguntas, ya no tiene nada que contestarse.

El pensamiento tradicional aristotélico-tomista ha definido a la Filosofía "como el conocimiento de todas las cosas, por sus razones más altas adquirido por la luz natural de la razón".

La Filosofía procura la explicación exhaustiva de Dios, del hombre, del mundo.

¿Qué es Ciencia?

Es el conocimiento de un sistema de verdades que versan sobre un objeto determinado o inducidas de principios ciertos y evidentes[2].

La Ciencia siempre versará sobre el objeto que la Filosofía le determine.

---

1 Ortega y Gasset, obras completas, (Revista de Occidente, Madrid).

2 Santo Tomás de Aquino. Primera Poster Lec. 4, citado por G. Díaz Lombardo Francisco.

La diferencia principal entre la Filosofía y la Ciencia en particular es que: mientras la Filosofía estudia todas las cosas, todos los objetos, la Ciencia estudia el objeto que ésta le señala, es decir la Filosofía es la ciencia de las ciencias puesto que les da los métodos propios para poder conocer.

La similitud que existe entre la Ciencia y la Filosofía es que ambas buscan el conocimiento de la verdad. Habiendo hecho la breve referencia a la Filosofía se llega a la conclusión que existe una Filosofía del Derecho, pero además una Ciencia del Derecho.

La Filosofía general le da al derecho como ciencia que es, su objeto y su método propio.

La Filosofía del Derecho comprenderá el conocimiento total de lo jurídico, la reflexión filosófica sobre su naturaleza, y su valor.

La Filosofía del Derecho al decir del ilustre maestro mexicano Eduardo García Máynez[3], es la teoría sobre la esencia y los valores propios de lo jurídico. Dos son sus problemas principales:

1. El relativo a la esencia del derecho, que responde a la pregunta ¿qué es el derecho? La teoría del derecho es la que explica los conceptos jurídicos fundamentales, conceptos puros, el a priori jurídico como son el derecho subjetivo, el deber jurídico, la relación jurídica, el sujeto, etc.
2. El relativo a los valores propios de lo jurídico, problema de la axiología jurídica, justicia, seguridad y bien público.

La ciencia del Derecho o también llamada Jurisprudencia técnica, es un sistema nacional de verdades que como toda ciencia tiene su objeto específico: el derecho, pero NO el todo jurídico, ni su valor, ni su esencia, sino el derecho en un lugar y en una época determinados. No emite ni juicios de valor, ni se pregunta ¿qué es el derecho? Sino que da por supuesto todo lo anterior y, si emite juicios será siempre dentro d los límites que la legislación le señala.

---

[3] García Máynez, Eduardo. Introducción al Estudio del Derecho, págs. 116-123.

La definición que García Máynez da de Jurisprudencia técnica o Ciencia del Derecho en particular es la siguiente: es aquella que tiene por objeto la exposición ordenada y coherente de los preceptos jurídicos que se hayan en vigor en una época y lugar determinados, y el estudio relativo a sus interpretaciones y aplicación.

De aquí se desprenden dos problemas fundamentales:

1. De tipo teórico. Consistente en la sistematización de las reglas que constituye determinado ordenamiento al que se llama Sistemática Jurídica. Existen diversos criterios de sistematización como el que clasifica al derecho en Público y Privado y dentro de estos las diferencias ramas: Constitucional, Civil, Administrativo, Mercantil, Internacional, etc.
2. De tipo práctico, consistente en la técnica jurídica considerada como el arte de la interpretación de los preceptos legales vigentes en una época y lugar determinados. Y es así precisamente donde se encuentra este tema. Sin embargo, cabría la pregunta: ¿por qué el tema de la interpretación pertenece a la Filosofía del Derecho y no a la Ciencia Jurídica en particular.

En que en realidad el problema no es técnico o interno de la Filosofía Jurídica, sino que es un problema suscitado por el derecho a la Filosofía, es un producto de necesarias crisis de la conciencia jurídica que el mismo dogmatismo provoca y no puede afrontar.

La interpretación y aplicación del derecho no son meramente mecánicos, sino que comprenden una serie de juicios de valor en donde se conjugan las normas generales con los problemas suscitados por los casos concretos.

Y para determinar con la colocación de este tema en el mundo de lo jurídico el ilustre maestro Luis Recasens Siches, en su tratado de Filosofía del Derecho expresa: "... sucede que el pensamiento jurídico de los últimos ochenta años se ha nutrido también con otra clase de meditaciones y elaboraciones hechas por juristas profesionales, a las que a mí se me ha ocurrido dar la denominación de filosofía jurídica no académica, aunque reconozco que este nombre es discutible. Se trata de pensamientos, los cuales, si bien tienen un auténtico rango filosófico, no pretenden la elaboración de un sistema de

Filosofía del Derecho, no tratan de todos los problemas capitales de esta disciplina. Son más bien reflexiones filosóficas sobre determinados puntos, las cuales han sido estimuladas por necesidades sentidas en la política legislativa y sobre todo en la aplicación jurisdiccional (judicial o administrativa) del Derecho. Las principales manifestaciones de este tipo de pensamiento jurídico, "no académico", o tal ves conviniese más llamarlo no sistemático, han surgido sobre todo en el campo de los problemas de la interpretación y de la aplicación práctica de las leyes. Han sido llevados a cabo tanto por varios jurisconsultos prácticos —jueces y abogados— de diversos países, como también por profesores universitarios de diversas disciplinas, pero generalmente, aunque haya excepciones, fuera de los cursos sistemáticos de Filosofía del Derecho..."[4].

INTERPRETACIÓN DEL DERECHO

¿Qué es Interpretar?

¿Qué se entiende por Derecho?

Son las primeras preguntas que al iniciar el estudio de la interpretación del Derecho se formulan el teórico el estudioso o simplemente el estudiante de Derecho. Estos conceptos son fundamentalmente de orden filosófico. Puesto que como se ha visto es a la Filosofía a la que corresponde el estudio de los conceptos.

Para contestar ambas preguntas es necesario recurrir a la definición, pero ¿qué se entiende por definir? Es una operación mental sumamente difícil. Para llegar a ella se requiere un conocimiento casi exhaustivo de la cosa, la cual es prácticamente imposible. Definir significa cercar, delimitar, responden a la pregunta ¿qué es la cosa? Ahora bien, hay dos clases de definiciones: una etimológica o nominal y otra formal o real. Dar la definición etimológica de una palabra, significa descomponerla en los elementos que la integran para conocer su significado verdadero.

---

4 Recasens Siches, Luis "Tratado de Filosofía del Derecho", pág. 15.

La definición formal se constituye con la nota que una disciplina toma del objeto, para formar su campo de acción; la expresión "formalmente hablado" significa referirse al objeto propio de la ciencia[5].

CONCEPTO DE INTERPRETACIÓN

Gramaticalmente está formado del latín, iterpres *(inter, entre o con respecto a algo; pretium, valor)* y cuya acción consiste en la actuación del espíritu que, en un procedimiento intelectual y lógico al investigar y definir desentraña explicativamente, el sentido de cualquier expresión. Al decir desentrañar, se desea indicar, el sentido o la significación que toda expresión contiene. En su tratado de interpretación, Aristóteles define a las palabras escritas como los símbolos de las palabras habladas; las palabras habladas, como símbolos de la experiencia mental. La expresión es un signo o conjunto de signos *(signum)* y por ello se dice que tiene significado. Y es la expresión continente de un contenido de significaciones.

El hombre no se contenta con tener un conocimiento de las cosas pues siente la necesidad de comunicarlo, diciendo a otros lo que piensa y lo que las cosas son, según su entender.

El ser humano es un ente de razón y voluntad que forma parte de un mundo donde nada surge de la nada y él vive rodeado de expresiones que para comprender y por tanto adquirir conocimientos, necesariamente debe interpretar, ya que solo esa comprensión y conocimiento, le hará posible vivir y convivir al realizar su propia esencia de animal social, por naturaleza.

Se ha hecho referencia a que el hombre es un ser en tanto que existe; de razón y de voluntad, es decir es un sujeto pensante o dicho en otras palabras, se con capacidad de pensar. El pensar es una actividad exclusiva del ser humano.

La ciencia que estudia el pensamiento y la razón es la lógica, los estudia para llegar al conocimiento de la verdad. En el intelecto del ser humano es en donde se efectúan dichas operaciones mentales.

---

5 Alatorre Padilla, Roberto "Lógica" (manual).

Para conocer necesita interpretar, es decir para volver inmanente lo trascendente es necesario interpretar el mundo en que vive.

Ahora bien, algo se conoce cuando se da el hombre cuenta de lo que ese objeto es, su forma, sus elementos; el conocimiento implica dos operaciones: una, la actividad pensante y otra el resultado de esa operación que es precisamente el pensamiento.

El conocimiento encierra una relación entre el sujeto que conoce y el objeto conocido, que es más bien una correlación: no hay sujeto cognoscente sino objeto conocido. El sujeto capta, aprehende, el objeto no cambia, existe independientemente del sujeto.

Sin embargo, no basta que el hombre piense, sino que es necesario la expresión del pensamiento mismo.

La expresión es un signo, o conjunto de signos, y por ello como se había dicho anteriormente tiene significación.

Los signos visuales o auditivos, o con más propiedad los signos sensibles de que en un principio se valió el hombre para realizar su función de intercomunicación, aunque completamente rudimentarios los fue desarrollando, perfeccionándolos hasta constituir el lenguaje hablado o escrito. Sin embargo, fue arbitrario y convencional que ciertos vocablos pronunciados o ciertas palabras escritas, significaran ciertas cosas o realidades; es decir, conceptos, y a ellos se debió, no obstante, la perfección minuciosa de las reglas creadas para regir los términos de que se valió para expresar su pensamiento. He aquí una necesidad en origen, o sea el origen de la interpretación de las expresiones en que interviene la voluntad del hombre; y que constituye en último instante, el material más valioso sobre el cual se ejerce la actividad interpretativa.

Se habla así, de interpretación de una actitud, de un mito, de una doctrina filosófica o de una ley de congelación de rentas.

Edmundo Husserl ha efectuado un análisis sobre la expresión. Dice que consta de los siguientes elementos:

1. La expresión en su aspecto físico (el signo sensible; la articulación de sonidos en el lenguaje hablado, los signos escritos, etc.).

2. La significación. Lo que la expresión significa es el sentido de la misma. parece que la significación es el objeto a que la expresión se refiere, pero no es así porque existe un elemento intermedio: la significación.
3. El objeto. La significación y el objeto son distintos puestos que existe la posibilidad de que un objeto tenga una significación diferente o que significación y objeto coincidan.

CONCEPTO DE DERECHO

¿Qué es el Derecho?

Es una pregunta que se formula todo individuo que viva en una comunidad organizada jurídicamente; el concepto de Derecho le interesa a todo hombre porque precisamente hace posible la vida humana, puesto que, sin él, sobrevendría el caos que pondría fin a la sociedad.

Las definiciones que se han dado en historia del concepto del Derecho son múltiples, hay quienes afirma que todo el mundo sabe que es el derecho y con eso es suficiente.

Otras afirman que el Derecho no puede ser definido por el método de la escuela tradicional, es decir, por el género próximo y la diferencia específica. Santo Tomás de Aquino y Aristóteles lo definen en función del bien común y nos dicen *"rationis ordinatio ad bonum comune ab eo qui curam comunitate habet promulgata"*[6].

Geny afirma que el Derecho "es el conjunto de reglas a las que está sometida la conducta exterior del hombre, en sus relaciones con sus semejantes y que bajo la imperación de la idea natural de justicia, (y el determinado estado de conciencia colectiva de la humanidad aparece susceptible de una sanción moral y si es necesario es coercitiva), son o tienden a ser provistas de tal sanción, que desde luego re-

---

6 Citados por G. Díaz Lombardo Fco. "Introducción a los Problemas de la Filosofía del Derecho", pág. 107.

viste la forma de mandatos categóricos, que dominan las voluntades particulares para asegurar el orden social"[7].

Kant dice que "el Derecho es una noción que se deduce de las condiciones bajo las cuales la facultad de obrar de cada uno puede armonizarse con la facultad de otro según una ley universal de libertad"[8].

Hegel "Derecho es el querer autárquico, inviolable y vinculatorio"[9].

Windscheid define el derecho desde el punto de vista objetivo, como la voluntad general y desde el punto de vista subjetivo como la protección de la voluntad particular.

El maestro Recasens al hablar de la realidad del Derecho expresa que el Derecho se encuentra en el reino de la vida humana, es producido por los hombres con el propósito de realizar unos fines cuyo cumplimiento se considera justo y deseable en una situación histórica.

Sin embardo el maestro Recasens no define el concepto de Derecho, este se deduce de sus estudios realizados en su tratado de Filosofía del Derecho al diferenciar en el mundo de lo normativo al derecho de las demás normas que se parecen a él, es decir de la normas morales, de las normas religiosas, de los mandatos de pura fuerza, de las reglas de trato social o sea en una palabra de las normas dirigidas a la conducta humana; además de sus estudios sobre las funciones del Derecho en la vida social; la función de certeza y seguridad, la función de Cambio Progresivo, la función de resolver los conflictos de intereses, la función de organización de poder político, la función de la legitimación y limitación del poder político, es decir llegar a la esencia de lo jurídico por medio de la diferenciación de las normas que se le parecen, de las funciones que desarrolla en la vida humana, y de lo que es propio de él.

---

7 Citados por G. Díaz Lombardo Fco. "Introducción a los Problemas de la Filosofía del Derecho", pág. 107.

8 Kant Emmanuel "Principios Metafísicos del Derecho".

9 Citado por G. Díaz Lombardo, Francisco, pág. 108.

Así se deduce el siguiente concepto de derecho: Es una norma de impositividad inexorable, bilateral, para la ordenación de las relaciones externas interhumanas, que menta intencionalmente unos valores específicos notoriamente el de justicia, instituye criterios estables; que tiene como funciones la obtención de la seguridad, de la dosis viable de certeza; la resolución de los conflictos de intereses, y la justificación, limitación y organización del poder político.

Así se tiene el concepto del maestro Recasens sobre derecho[10].

Se han dado ambos conceptos el de interpretación y el de derecho, pero la interpretación del Derecho, no es un simple desentrañar explicativamente el sentido de la expresión contenida en las palabras que constituyen la norma jurídica, error en que incurrieron las escuelas tradicionales como se verá en su oportunidad, sino interpretar el derecho constituye "... una serie de operaciones mentales recíprocamente entrelazadas de modo solidario e inescindible..."[11].

La revolución de la interpretación del derecho constituye un ir en contra de esa idea arraigada de desentrañar de una manera explicativa las expresiones de las normas, utilizando para ello el método de la lógica fisicomatemática. Considerando al derecho en el mundo de lo enunciativo. Se propone con esta revolución dar nuevas orientaciones para la interpretación del derecho.

---

10 Recasens, obra citada.

11 Recasens Siches, "Nueva Filosofía de la Técnica Jurídica".

Capítulo Segundo

Diversas posturas doctrinales[12]

En el siglo XIX existieron dos posiciones radicalmente opuestas, sobre lo que debe y no debe entenderse por el sentido de los textos legales; la tendencia interpretativa subjetivista, psicológica o filológica histórica; y la posición objetivista o lógico sistemática. Entre estas orientaciones divergentes existen una infinidad de matices doctrinarios intermedios, los cuales a pesar de sus innovaciones se inclinan indistintamente con más o menos rigor, según el temperamento de su autor, a los caracteres o determinaciones fundamentales de alguna de las dos posiciones principales.

La tendencia Interpretativa Subjetivista, Psicológica o Filológica Histórica se identifica plenamente con las posiciones tradicionales y opta, por encontrar el sentido de la ley en la voluntad del legislador; ya que su intención está expresada en el orden jurídico por el texto legal; esa conclusión tiene como base el siguiente razonamiento: la ley es obra de una voluntad, de la voluntad de quien la creó, por ende, la ley es obra del legislador que se sirvió de ella usándola como la mejor forma de expresión, para establecer el Derecho al comunicar su pensamiento jurídico; esa forma expresiva, para ser auténtica requiere como condición esencial tener una significación, un sentido y éste en rigor no puede ser otro sino el dado por su autor. El sentido de la Ley es igual a la voluntad o intención de legislador.

Este método de interpretación restringida, tomó como base de inspiración las ideas de Blondeau y fue expuesto desde 1841, en una memoria leída por el jurista mencionado, en la Academia de Ciencias Morales y Políticas, en donde se establece con vigorosa firmeza

---

12 Resúmenes obtenidos de los siguientes libros: Borja Soriano, Manuel "Teoría General de las Obligaciones", Tomo I; Bonnecase, Julián "Introducción al Estudio del Derecho"; Geny, Francois "Método de Interpretación y Fuentes en el Derecho Privado Positivo"; García Máynez, Eduardo "Introducción al Estudio del Derecho"; Recasens Siches, Luis "Tratado de Filosofía del Derecho".

la convicción de que todo el Derecho positivo está necesariamente contenido en la Ley escrita, la cual nos puede dar las soluciones de todos los problemas jurídicos por vía de deducción, o lo que es lo mismo, la Ley es el Derecho; recordamos a este propósito las célebres palabras del maestro francés Bugnet: "No conozco el Derecho Civil, solo enseño el Código de Napoleón".

ESCUELA DE LA EXÉGESIS

La más importante de las escuelas interpretativas subjetivistas, está representada por las doctrinas de la escuela tradicional francesa conocida con el nombre de la Escuela de la Exégesis, la cual se desarrolló y tuvo gran auge principalmente en el siglo pasado, cuya influencia fue universal al ser protagonizada primordialmente por los juristas franceses de la segunda mitad del siglo XIX.

Es la época de las grandes codificaciones, la época del Código Napoleón. Se vive con la idea optimista de que los textos legales prevén todas las infinitas circunstancias concretas que se pueden presentar en la experiencia; se tiene una fe desmesurada y ciega en el legislador cuya obra, la Ley, consideran de una suficiencia virtuosa. Por ello, los Exegetas condensan en una exagerada limitación todo el orden jurídico en la Ley, a la cual concibieron en una errónea pretensión perfecta sin lagunas, como la única forma de expresión del Derecho y de la voluntad legislativa. Reduciendo el Derecho a la Ley y al hacerlo establecieron un absolutismo legal radical, en el cual la única voluntad que contaba era la de la Ley y la voluntad de la Ley no era otra cosa, sino la del legislador quien le había dado la posibilidad decisiva de su existencia, en consecuencia, interpretar la Ley era para la Escuela de Exégesis, describir la voluntad del legislador; en esta tarea, era menester que el intérprete rechazara los elementos extraños y se sirviera únicamente del texto legal, pues todo lo posiblemente necesitado estaría en él y sólo siguiéndolo fielmente podría encontrar la voluntad o intención legislativa, ya que los textos son un conjunto de fórmulas expresivas usadas por el legislador para exteriorizar su propio pensamiento.

Profesaron un culto excesivo al texto legal por pensar que descuidarlo conduciría a la incertidumbre y al error, al poner en lugar de la voluntad cierta del legislador, una voluntad que no fuera la suya; y establecieron un hermetismo absoluto de la totalidad del Derecho, en la expresión material de la intención del creador de la leyes; sin duda, los exégetas tuvieron como antecedentes para establecer sus dogmas autoritarios, la inspiración del ilustre filósofo Carlos de Secondant, Barón de Montesquieu, y su doctrina de la división de los poderes del Estado, la cual al separar delimitativamente la actividad del legislador y el juez, le da solamente facultades a uno, para elaborar normas jurídicas y a otro simplemente para aplicarlas a los casos controvertidos; lo anterior bien puede ser el origen de los cauces estrechos en que se movió la Escuela Exegética, el rigorismo de la creación legal, la suficiencia plena de la Ley, la sumisión incondicional a veces hasta servil que los jueces profesaban ante la Ley, la cual habían de seguir en su más fiel significado y de ella nunca debía apartarse coartándoseles con los textos dogmáticos la precios libertad de su arbitrio, en tal forma que, en ocasiones dieron la dolorosa impresión de ser degradados a una triste condición de máquinas o autómatas cuando la Exégesis estableció en sus exageraciones inauditas: los códigos no dejan nada al arbitrio del interprete, si por cualquier causa jurídica, el juez está imposibilitado para descubrir la voluntad del legislador, debe abstenerse en juzgar. Como se verá posteriormente la doctrina de Montesquieu sirve para delimitar las funciones de los órganos del Estado; pero no como la entendieron los exégetas del siglo XIX, el legislador es el único creador del Derecho, sino por el contrario el legislador tiene facultad para dictar normas generales o sean leyes, pero también el juez crea Derecho, lo crea en su función jurisdiccional al interpretar y aplicar el Derecho en normas individualizadas, cosa que el legislador no puede hacer.

Las doctrinas francesas de la Escuela de la Exégesis siguen un método interpretativo, en donde partiendo de las situaciones más sencillas, examinan una serie de casos que se le pueden presentar al intérprete y al mismo tiempo le ofrecen reglas hermenéuticas, de las cuales puede y debe valerse para resolverlos:

1. Cuando el texto legal es claro y no ofrece duda sobre cual sea el pensamiento de sus redactores, no es lícito eludir su letra so

pretexto de penetrar su espíritu; es decir, cuando la Ley se expresa claramente hay que atenderse a su texto, a sus términos para que el intérprete pueda reconstruir válidamente el pensamiento del legislador; por ende, se impone una interpretación puramente gramatical o literal pues, basta la simple lectura del texto para encontrar su sentido o sea, para llegar a la voluntad del legislador.

Esta interpretación a la letra no es más que la supervivencia tradicional del Derecho Romano en su tendencia a dar valor supremo al elemento exterior material; y la fórmula escrita alcanza grado supremo para los juristas de la Escuela de la Exégesis, porque la letra de la Ley es para ellos, el dato y elemento esencial e imprescindible para desentrañar la intención o voluntad del autor de las leyes.

"En las leyes desempeñan las palabras un gran papel, los romanos supieron restringir en límites prácticos la sumisión que profesaban para los términos de la Ley. El sentido de los romanos era, en despecho de su veneración por el texto, demasiado sano y recto para que, ante un error del legislador, hubiesen sacrificado para el culto servil de la letra, su convicción íntima y los intereses de la vida".

2. Cuando el sentido de la Ley es dudoso porque la redacción empleada por el legislador no presenta ella misma un sentido claro y completo, o cuando esta redacción, aunque presente un sentido determinado no exprese exactamente el pensamiento del legislador; en estos caso, en que la literalidad del texto no expresa clara y perfectamente el pensamiento del autor de la Ley; habrá el intérprete, dicen los exégetas, investigar la intención del legislador, valiéndose en su tarea de todos los datos y elementos gramaticales, lógicos, de antecedentes y demás que permitan su descubrimiento, sin ser lícito alterar la letra con el pretexto de encontrar la intención, a propósito del texto legislado o sea, cuando no baste la interpretación literal del texto legal para encontrar a voluntad del legislador, es entonces necesario emplear la interpretación lógica, la cual sugiere la idea de que no siempre los textos jurídicos son claros. Puede ocurrir la fórmula legal sea oscura o incompleta y

la simple composición gramatical puede no estar de acuerdo con la significación, por ende, hay duda sobre cual haya sido la intención o pensamiento del legislador, voluntad que si se quiere descubrir, habrá necesariamente que echar mano, por decirlo así, de todos los valiosos recursos brindado por la lógica formal, pues en estas situaciones no es suficiente el examen gramática o sea la interpretación de la Ley por la fórmula misma de su texto, guiándonos por el significado de sus palabra a la luz de una lógica completamente interna.

"... Si la expresión legal es oscura o incompleta, entonces no basta el examen gramatical, y es necesario echar mano de la llamada interpretación lógica. Su fin estriba en descubrir el espíritu de la Ley (para controlar, completar, restringir o extender su letra).

Habrá que buscar el pensamiento del legislador en un cúmulo de circunstancias extrínsecas a la fórmula".

Orientación Interpretativa Objetivista

A la actitud plenamente subjetiva de la escuela exegética en la interpretación el Derecho se opone una postura antagónica la tendencia objetivista o lógica-sistemática, la cual se presenta en la esfera jurídica como una posición que se inclina por interpretar las Leyes según el sentido objetivo que las mismas leyes expresan, sentido que no depende de la voluntad de su autor. Por ende, el intérprete en su actividad intelectual, ya no ha de buscar la posible voluntad o intención subjetiva del legislador sin el sentido lógico objetivo del precepto contenido en el precepto, porque el sentido de la Ley no se entiende en esta postura como la voluntad del legislador sino como la significación objetiva de la Ley misma consigna a través de la fórmula que expresa.

La Ley, afirman las doctrinas objetivistas tiene un sentido propio implícito en los términos que la constituyen, independientemente de la voluntad psicológica de sus creadores, dependiente de la formulación que lo expresa y de las necesidades conexiones sistemáticas que debe tener con todos los demás sentidos o significaciones de los textos integrantes de un ordenamiento jurídico determinado, cuyos preceptos no existen aislados sino forman parte de una totalidad o sistema coherente armónico sistemático, que debe cumplir ampliamente con las exigencias de unidad y congruencia reclamadas por todo orden normativo. Por tanto, se habla no de la voluntad del legislador, sino de la voluntad de la Ley que es precisamente lo que hay que interpretarse ya que para los objetivistas la Ley no es la expresión de un querer psicológico sino la expresión del Derecho Objetivo.

Los objetivistas también impugnan apasionadamente, el principio fundamental de las doctrinas tradicionales de la Exégesis: el sentido de la Ley es la voluntad del legislador considerando como grave error el confundir la intención del autor de la Ley con el sentido objetivo del texto, con la norma que contiene porque una cosa es, lo que el legislador quiso o pretendió expresar y otra, lo que el texto legal exprese. El legislador al reglamentar normativamente a determinadas situaciones no expresa lo que él quiere, es decir un querer psicológico general sino lo debe ser jurídicamente al realizar el caso concreto. La hipótesis en el supuesto de la norma imperativa atributiva abstractamente concebida; lo que el legislador quiere en el fondo es el precepto por acuñado valga como Ley, lo cual representa el verdadero contenido de su voluntad, así como el auténtico sentido de la Ley es un deber ser de derechos y obligaciones que es en realidad lo expresado por ella y no un mero querer subjetivo.

La orientación interpretativa objetivista es defendida con gran importancia tanto en el Historicismo Jurídico o Escuela Histórica Alemana, como los postulados de la Escuela Libre de Derecho.

ESCUELA HISTÓRICA DEL DERECHO. SAVIGNY

Se desarrolla principalmente en Alemania y nace simultáneamente a la Escuela Tradicional Francesa de la Exégesis; Savigny, uno de los eminentes sostenedores concibe al Derecho como la resultante de la CONCIENCIA GENERAL de cada pueblo de un ESPÍRITU popular que une a todos los miembros de una nación en un ente social individualizado, estructurado por esta escuela y a quien hace entre otras cosas creador del Derecho que se manifiesta fundamentalmente a través de su fuente más auténtica: La costumbre. Por lo tanto, es la historia misma de la vida social de cada pueblo la animadora y generadora del Derecho.

La Ley, sostiene, está destinada a fijar una relación de Derecho contra el error y de la arbitrariedad. Para que se cumpla en la práctica es menester que su espíritu perciba en toda su pureza, por eso interpretarla, es reconocer en ella su verdad, al encontrar su auténtica significación; la labor del intérprete consiste en colocarse en el punto de vista del legislador al reproducir artificialmente sus operaciones, recomponer a la Ley en su inteligencia. Lo anterior sugiere, Savigny entiende al sentido de la Ley a través de la voluntad del legislador, pero realmente su pensamiento no fue en verdad subjetivista ya que se manifiesta su esencia objetivista al decir la voluntad del legislador, recogió el acervo suministrado por la conciencia popular, pues la Ley no brota arbitrariamente sino está conectada con la historia, necesidades y exigencias de una determinada colectividad.

El jurista mencionado, habla de cuatro elementos de los que el intérprete debe tener en cuenta y servirse: el gramatical, el lógico, el histórico y el sistemático.

1. El *elemento gramatical,* le será útil al interprete para fijar el sentido de las palabras que expresan el pensamiento, el cual ha de ponerse en claro mediante las reglas gramaticales y el uso corriente del lenguaje.

2. El *elemento lógico,* para poder descomponer la norma en sus diversas partes ya que conociendo su estructura se le podrá comprender mejor.

3. El *elemento histórico,* es el más importante por constituir la innovación más radical de la Escuela Histórica; es conducirlo al momento en que la Ley fue dictada, fijando la evolución operada en ella y penetrando al espíritu de sus fuentes para convertirla en el más vivo Derecho; esto si se debe tener en cuenta, los antecedentes que hayan pesado sobre su creación, colocándose en el momento en que la Ley ha sido formulada, notando su desarrollo logrado según el grado de las circunstancias y de la evolución social.

4. El *elemento sistemático*, emplearlo para ordenar las conclusiones obtenidas en el sistema del orden jurídico al que la norma pertenece, para comprender el sentido de la misma en la relación con los demás. Se trata pues de encontrar el precepto con los demás preceptos de un sistema jurídico determinado y de estudiarlo en su íntima conexión con el todo legislativo.

Como se ha observado tanto la posición subjetivista como la objetivista, aplican el método de la lógica tradicional a la interpretación del Derecho; y consideran a la norma jurídica como una fórmula o deducción matemática que rezaría de la siguiente manera:

- Permisa Mayor — Norma jurídica.
- Permisa Menor — Hechos relevantes jurídicamente.
- Conclusión — Sentencia judicial o resolución administrativa.

ESCUELA DE DERECHO LIBRE

No está constituida por un conjunto orgánico y sistemático de doctrinas unitarias y ordenadas, sino es el movimiento contra la tendencia tradicional doctrinal manifestada repetidas veces en innumerables autores y obras, cuyos apuntes impulsan el desarrollo de la ciencia jurídica y cuya orientación objetivista y reacción violenta contra todas las ideas tradicionales, permite agruparlas bajo el nombre genérico de la Escuela del Derecho Libre, iniciada en Alemania donde se originan sus principales corrientes doctrinales. Ese movimiento creciente se extiende a los demás países.

Las variadas y múltiples manifestaciones de la Escuela de Derecho Libre se pueden dividir en dos períodos, en donde sus precursores y el de sus realizadores. En la fase precursora Ihering, critica el hermetismo jurídico de la Escuela de Exégesis, considera que la doctrina pura corrige los errores del legislador por medio de la interpretación que fija: “El verdadero sentido de la Ley para oponerlo a una redacción demasiado estrecha o demasiado larga y que falta la afirmación de que el fin es el creador de todo el Derecho, tesis que implica cambios importantes en la ciencia jurídica, ya que al pugnar por un fin creador del Derecho establece bases para la elaboración de una ciencia jurídica de carácter teológico. Desgraciadamente esto se redujo a un triste utilitarismo materialista al considerarse que el Derecho solo tiene como finalidad, el proteger bienes y intereses.

PRECURSORES

Franz Adickes (1872)

Lucha apasionadamente contra la limitación de las fuentes del Derecho de la Escuela Tradicional y dice, la Ley y la Costumbre son fuentes auténticas de expresión del Derecho, para terminar, postulando como fuente fundamental del Derecho positivo, a la razón subjetiva del intérprete condicionada sobre conceptos históricos y tendiendo hacia el Derecho natural, o sea la apreciación personal del juez basada sobre las relaciones de hecho, sometidas a su conocimiento.

Dernburg

Impugnó a la tesis de la plenitud hermética del orden jurídico positivo, al sostener en ocasiones las fuentes formales del Derecho, la Ley o la Costumbre. No ofrece la solución buscada, por la cual, el intérprete tiene la necesidad de consultar la naturaleza de las cosas al analizar las relaciones de hecho que la vida presente: inclinándose por tanto a un Derecho libre utilitarista, que anteponga la justicia social al seco sentido de le Ley.

J. Kohler

Más audaz, llega asentar, las leyes no deben interpretarse por la probable voluntad del legislador, sino deben comprenderse por la naturaleza de las cosas y por la necesidad del estado de la cultura.

Sostiene además la fuerza creadora de la jurisprudencia, orientada a una política de la cultura que conduce a la mayor libertad del juez.

Ehrlich

Impugna el dogma de la suficiencia de la Ley considerando, el juez puede apartarse de la Ley cuando las circunstancias del caso lo exijan; se puede encontrar aquí claramente, la primera manifestación del Derecho Libre, que mas adelante tratará de consagrar al juez como creador del Derecho, emancipándolo de la rigidez y hermetismo de los textos legales.

REALIZADORES

Hernan Kantorowicz

Es la más alta definida y audaz expresión de esa orientación renovadora, cuyos esfuerzos se inclinan fundamentalmente, por demostrar la insuficiencia del método tradicional y la necesidad imperiosa de conceder al juez un papel creador no solo al interpretar sino en los casos en que la Ley presente lagunas. El profesor Kantorowicz en 1906 publica su famoso libro: “La Lucha por la Ciencia del Derecho”. Es el más característico de dicho movimiento, y el cual, provoca acalorados comentarios; en él critica al equivocado rigorismo de la escuela tradicional pugnado por una escuela de Derecho Libre que coloca frente al Derecho del Estado. Se trata de un Derecho natural rejuvenecido, difiriendo del Derecho natural clásico en que es mutable y frágil; afirma enfáticamente, la ciencia jurídica debe de desempeñar un papel creador y no limitarse a ser simplemente un medio de conocimientos, por lo cual, el juez no solamente está llamado a descubrir el Derecho, sino incluso a crearlo cuando las circunstancias lo exijan, teniendo como último fin la realización de la justicia, que siempre debe estar por encima de todo. La verdadera ciencia jurídica en su pensamiento es antirracionalista y antidogmática, contraria a la Analogía, repugnándole la interpretación extensiva, a las ficciones y los pretendidos razonamientos conforme al espíritu de la Ley, a los sistemas generales que no verían sino por la individualidad de su autor. La ciencia del Derecho deberá ser histórica, en el sentido de formar parte como una historia real y viva, relacionándose con la psicología y con todas las ciencias sociales.

Aunque con frases propias, muchos autores integran el crecido número de partidarios de la Escuela del Derecho Libre, imprimiendo en sus trabajos ángulos novedosos o puntos de vista originales, difiriendo profundamente en ocasiones con los demás autores. Las tendencias comunes en que normalmente coinciden son en general las siguientes:

a) Rechazar los métodos tradicionales.

b) Repudiación de la tesis de la suficiencia absoluta de la Ley.

c) La concepción de que la creación del Derecho no solo pertenece al legislador sino también al juez, el cual precisamente por la insuficiencia de la Ley, deber realizar una actividad personal creadora del Derecho; por ende, la función del juzgador debe aproximarse cada vez más a la actividad legisladora.

d) Pugnar por un mayor arbitrio judicial para evitar que profese una sumisión incondicional y servil a los textos legales.

e) Relegar a un término último el concepto clásico de la voluntad del legislador, el cual debe arrumbarse para oponerle el sentido objetivo de la norma fijada a través del arbitrio de un juez.

El Juez no debe profesar al texto legal una sumisión absoluta e incondicionalmente servil, al grado sumo de degradarse lamentablemente, al convertirse en un autómata sin voluntad ni libertad, en su función típica aplicadora del Derecho; pero la libertad de su arbitrio tampoco debe ir tan lejos, por más amplia y generosa que altere impunemente el sentido de la Ley, pues ésta tiene un concepto dotado de una pretensión objetiva de verdad, el cual ha de hacerse valer en los casos controvertidos. Se andona con el legislador en su actividad creadora hasta casi fundirse con ella; y éste no es el papel del juez.

Gustavo Radbruch

Su doctrina es interesante, porque bien podía considerarse como la antítesis del método de la escuela tradicional francesa de la exégesis. Contrapone al método filológico histórico un método sistematizado y lógico. Parte de la afirmación de que lo llamado Derecho Vigente es una totalidad armónica, coherente y sistemática en la cual los preceptos integrantes de los ordenamientos jurídicos, son congruentes unos con otros y cuyo sentido no debe equipararse a la voluntad de su autor, porque esa voluntad del legislador dice, debemos considerarla como un simple mito romántico, pues lo buscado en la norma es en el fondo la voluntad del Estado, no como un concepto psicológico sino como una real imposición normativa; y el alcance de la significación de la misma, solo puede establecerse por el sentido objetivo de la norma que como producto de la cultura lleva depositado un sentido propio y objetivo, e cual irá desarrollándose a través de las varias interpretaciones que de ella se hagan, constituyendo así un contenido siempre vivo, actual, pleno y fecundo.

La actividad interpretativa, tiene como finalidad descubrir el sentido objetivamente válido de los preceptos legales y en esta labor puede ocurrir que el intérprete entienda mejor la Ley que sus creadores; pues ésta puede ser más inteligente que su autor, ya que las disposiciones integrantes de un ordenamiento jurídico, encierran significados ajenos a la intención legislativa, pero que corresponden al sentido objetivo del Derecho y se encuentran en armoniosa conexión sistemática.

Rudbruch también establece, la interpretación a la Ley debe hacerse en relación a las exigencias siempre nueva y cambiantes de dada época histórica, tomando en cuenta las condiciones y circunstancias existentes en el momento de la interpretación, considerando estas, pueden ser distintas a las existentes en el momento de la creación de la Ley.

Eduardo García Máynez

En su obra denominada "Introducción al Estudio del Derecho", supone primeramente un precepto por interpretar, el cual, habrá de llevar al juez a la conclusión de si prevé o no al caso concreto sometido a su consideración para su conocimiento y decisión. Si la Ley prevé el caso concreto entonces el juez está sujeto a ella y ese respecto, es la mejor garantía de la verdadera libertad del ciudadano, la cual no debe depender jamás del caprichosamente variable arbitrio humano. Después impugnan el absurdo exegético, afirma que el sentido de la Ley, es el sentido objetivo encerrado por la misma, por eso interpretar leyes, es buscar el Derecho aplicable a las situaciones concretas a través de una fórmula legal oficial de expresión utilizando en esa tarea, no exclusivamente a la fórmula de expresión de la Ley, sino ha de realizarse en conexión sistemática con todo el ordenamiento vigente, debiendo por tanto, valerse el intérprete de elementos extraños a los textos, usándolos como útiles para aclarar el correcto sentido de la Ley, el cual será el que corresponda a la norma expresada por el texto buscada sin duda, con la finalidad de aplicarla.

ESCUELA CIENTÍFICA DEL DERECHO

Francisco Geny

Francisco Geny, cuya doctrina objetiva en parte, si bien todavía colocada en el subjetivismo. En su monumental obra "Méthode d´interpretation el Sources en Droit privé psotif" (1900), expone que la obra del legislador es incompleta, aunque quisiera prever las infinitas particularidades concretas que se pueden presentar en la experiencia por más generoso que fuese su esfuerzo, jamás lo lograría, debiendo por tanto, conformarse a producir sus normas generales con fijar tipos abstractamente concebidos, sin llegar a todo el detalle del caso concreto sin prever a todos ellos; por ende su producto la Ley escrita es una información muy limitada del Derecho, el cual se nos ofrece como un conjunto de reglas de conducta nacidas de la naturaleza de las cosas, quienes deben ser deducidas por medios de una interpretación más o menos libre; así pues la Ley constituye un material mínimo de expresión jurídica dentro de sus imperfecciones y limitaciones naturales, propias de toda obra humana. Garantiza una seguridad mejor para las relaciones de la vida colectiva. La misión del intérprete es el de dar firmeza a esa seguridad con su intervención, sin olvidar que por encima de ella está el supremo bien que todo jurista debe realizar; la justicia. Su valor le obligará a llenar los vacíos y deficiencias de la norma escrita imponiendo el carácter propio del Derecho de universalidad y superación constante, hacia un ordenamiento de la conducta más alta, perfecta y justa.

Hay una basta jerarquía de medios de interpretación, nos dice Geny, son matices infinitos, encontraremos sucesivamente a la Ley interpretada a veces, por la fórmula misma de su texto y a la luz de una lógica enteramente interna, otras veces la Ley es interpretada con ayuda de elementos extraños a esta fórmula y sacados de la influencias históricas del momento de su creación de nociones racionales o lógicas, de los trabajos preparatorios que establecen formalmente el proceso de su formación, etc.; o apoyadas en el pensamiento de la Ley. Es un elemento social, sensible y variable según la evolución de esa organización misma para llegar a un sistema que afirma, la mejor interpretación de las leyes. Es la que las pliega mejor a las necesidades de la hora presente debiendo por ello el intérprete comprender el pensamiento del legislador según las necesidades actuales, haciendo un amoldamiento de los textos legales que pueden ir hasta la deformación decisiva de la Ley.

Según Geny "la Ley es la forma de expresión de una voluntad humana a la luz de su inteligencia", por eso parra asegurarle en forma positiva su eficacia, se le debe interpretar según la voluntad inteligente que la produjo y colocándose en el momento en el cual ella ha sido formulada, en vez de tomar en cuenta las circunstancias existentes en el instante mismo de su aplicación; esto es: interpretar la Ley es descubrir la intención de su creador, investigar el contenido de la voluntad del legislador con el auxilio de la fórmula que la expresa, haciendo esta investigación sin idea preconcebida sobre su adaptación al medio social a que debe aplicarse, lo cual significaría substituir la voluntad del legislador por las convicciones particulares del intérprete. Debe colocarse en el momento de la formulación de la Ley, pues el contenido de la Ley no puede ser otro de lo que sus autores quisieron y pudieron expresar; y además, si la interpretación dependiera de las circunstancias dominantes del momento de su aplicación, la seguridad jurídica se rompería lamentablemente al cambiar constantemente el sentido de los textos según cambiasen dichas circunstancias; por tanto, sería incorrecto establecer como lo hace la Escuela Histórica, la Ley una vez formulada, constituye una entidad independiente del pensamiento de su autor, empezando una vida propia y desarrollándose aparte, de manera que su significación, pudiera cambiar el grado de las circunstancias de la evolución social y el progreso de las ideas.

La finalidad suprema del intérprete de la Ley consiste en desentrañar el pensamiento del legislador, lo cual indica que Geny acepta el postulado básico de la Exégesis, de equiparar la intención o voluntad del legislador con el sentido de la Ley; pero también critica destructivamente la suficiencia virtuosa de la Ley, o sea, la importancia exagerada y fe ciega tenida a la legislación, la cual no se considera como la única fuente del Derecho, pues el legislador no puede atribuirse el monopolio de la formulación del Derecho, por haber una serie innumerable de barreras derivadas de la naturaleza de las cosas, que le impiden poder prever todas las posibles situaciones jurídicas y por consecuencia su obra, la Ley es imperfecta, incompleta. En los casos en que la interpretación revela situaciones singulares no previstas por el legislador, habrá que establecer reglas científicas sin valerse de las fuentes formales del Derecho, pues éstas no le pueden ofrecer nada porque precisamente la laguna denota la falta de un precepto, por lo cual el juez tiene la necesidad urgente de formular la norma, a diferencia de que mientras el legislador procede con una libertad absoluta para formular normas generales, él por el contrario, debe limitarse para establecer una norma para el caso concreto únicamente, aclarando que el problema es de colmar lagunas legales, no de interpretar la Ley.

ESCUELA DE VIENA

Hans Kelsen

Hans Kelsen, con ideas revolucionarias dentro de las modernas teorías de interpretación, dice que, ante la terrible situación de máquinas sin voluntad ni libertad de arbitrio en el cual se encontraba el juez por la sumisión condicional que debía profesar ante la Ley, se reclamó para él un apartamiento de la norma general cuando la estima injusta o inconveniente, procediendo con la libertad con que procedería si fuese legislador, por seguir imperando la tendencia de considerar a la norma jurídica como equivalente a la Ley, tanto en sentido formal como en el material; y el juez no tenía atribuciones legales para crear leyes formales reservadas al parlamento, o leyes materiales, reglamentos, decretos, reservados al poder ejecutivo. Lo que en realidad se pidió para él fue funciones creadas, legislativas; pero el juzgador no es una máquina, ni creadora de normas generales, es decir legislador. El juez, afirma Kelsen, está sometido a la ley y tiene necesidad de aplicarla al caso concreto; pero como la Ley por muy estricta que sea, le deja un margen de libertad porque siempre posee una dosis de indeterminación al aplicar la norma general al individualizarlo crea una norma nueva, una norma no general sino individual, pero norma al fin.

Para Kelsen la interpretación jurídica designa tanto el resultado, o sea la significación a que se llegue por el movimiento lógico investigador, como el procedimiento espiritual que acompaña al proceso de producción jurídica de la significación que logre extraerse de la expresión material de la formulación positiva; ya en su desenvolvimiento de un grado superior a otro inferior por ella determinada, pero ¿cómo deducir de la norma general de la Ley en su aplicación a un hecho concreto. ¿La correspondiente norma individual de una sentencia o de un acto administrativo? Se pregunta, para luego asentar, entre las normas de distinto grado existe una relación de vinculación, en el cual las de grado superior determinan a las de grado inferior más esa determinación no es completa y así encontramos que en la aplicación de una norma interviene siempre la iniciativa del órgano que la aplica por no ser posible que la norma reglamente con todo detalle los pormenores del acto de aplicación, por ello se puede decir: la norma de rango superior tiene el carácter de un marco que el acto ejecutivo que la aplica se encarga de llenar, lo cual explica que, en todo acto de aplicación de una norma se debe admitir que se halla en parte determinado por ésta y en parte indeterminado; dicha indeterminación parcial es voluntaria o intencional, algunas veces por parte de la norma y otras, es la consecuencia inevitable de la estructura de la misma. también puede ocurrir que la norma de grado superior esté formulada en un lenguaje equívoco, el cual hace posible diversas interpretaciones de un mismo precepto; cosa semejante sucede cuando el que aplica la norma, cree halar una discrepancia entre su significación gramatical y la voluntad de su autor. La indeterminación, por último, puede ser consecuencia de una contradicción entre las normas de una misma Ley. En todos estos casos, hay varias posibilidades para la ejecución, para la interpretación, pues la norma e rango inferior puede acomodarse a alguno de los distintos sentidos gramaticales de la norma de grado superior, puede optar por atenerse a la letra contra la voluntad expresada, o puede realizar algunos de sus sentidos antiestético o actuar como si las normas contradictorias se derogaran mutuamente. Así es como según Kelsen, la norma general que ha de aplicarse, es un marco que ha de llenar la aplicación, y ofrece varias posibilidades, pues la Ley no tiene siempre un sentido único y, por consiguiente, el intérprete entre las posibles soluciones que le presenta la norma ha de elegir una. En esta elección es teóricamente libre, por no existir ningún criterio orientador, para decidir cual de las interpretaciones de un precepto debe prevalecer. Por ende asienta la interpretación es un método que conduce a soluciones diferentes, en done se prefiere voluntariamente una, en relación de las demás; no se trata de un procedimiento puramente racional, guiador a una decisión única considerada justa y recta, pues no hay un solo método jurídico con arreglo al cual, pueda señalarse una significación como la única "resta", entre las muchas significaciones verbales de una norma, supuesto que se trata de muchas posibles interpretaciones de sentido; es decir, posible con relación a todas las otras normas de la Ley o del orden jurídico. Por tanto, todos los métodos de interpretación no han llevado sino a una solución posible, nunca al único resultado justo.

La interpretación sólo ha de considerarse no como el hallazgo de normas de Derecho ya existentes, sino como la creación por un acto de voluntad de una norma nueva que no existía en el orden jurídico. La necesidad de una interpretación se sigue precisamente del hecho de que la norma a aplicar o el sistema de normas dejan abiertas muchas posibilidades.

Se podrá discutir cual de todas la soluciones posibles es la más justa, pero ésta queda fuera del ámbito de la ciencia jurídica, correspondiendo a la política del Derecho; aunque el intérprete ha de proceder sólo científicamente, en cierto modo lo hace políticamente, pudiendo determinar su interpretación en un sentido o en otro, pero únicamente hasta cierto punto, pues no puede alterar el sentido de la Ley, porque el pensamiento de la norma es un concepto dotado de una pretensión objetiva de verdad. El intérprete no usa solamente su inteligencia sino sobre todo su voluntad al elegir una, entre las varias soluciones ofrecidas por el precepto, ya que los preceptos legales no tienen un solo sentido sino varios entre los cuales debe elegir libremente el jurista, pues no hay ningún criterio válido para decidir cuando debe aplicarse una u otra solución con exclusión de las restantes; por ende, resulta que el órgano jurisdiccional dispone siempre de un margen de libertad, para elegir entre los distintos sentidos, el que le parezca más justo.

JURISPRUDENCIA DE INTERESES

Escuela Alemana cuyos principales autores son:

- Philipp Heck
- Max Ruemelin
- Paul Oertman

Estos autores expresan que los intereses protegidos por el legislador son valorados por la idea del bien común.

El fin último del Derecho es la resolución de los conflictos que se presentan entre los hombres.

Las palabras, si bien expresan conceptos, solo son instrumentos de ideas, y lo que realmente debe tomar el juez en consideración no es la palabra escrita que desde luego tiene significación, sino la valoración que hizo el legislador al formular su norma.

Sus postulados fundamentales son: 1. El Juez obedece al orden jurídico, no crea el orden jurídico a su arbitrio porque, ¿dónde quedaría la certeza y seguridad jurídicas? Crea un orden jurídico, pero dentro de los límites que le impone el legislador, ajustando los intereses en conflicto. 2. El legislador espera del juez que desarrolle sus propios criterios estimativos construyendo la norma jurídica individual, y llenando las lagunas que el no prever él, el juez deber resolver protegiendo los intereses dignos de protección.

En las escuelas tradiciones cuando el juez se le presentaba alguna laguna, debía resolver de acuerdo con las etiquetitas: "compraventa", "depósito", "prenda", "hipoteca", es decir consideraba al orden jurídico no como un todo, sino que a cada institución la consideraba como un cuerpo independiente de la totalidad del orden jurídico. A este respecto la jurisprudencia de intereses rechaza estas "etiquetitas" y habla de la adecuación de la norma a las necesidades prácticas que la vida suscita, y no encajan dentro de una institución, hechos humanos que no están regulados por ésta.

Esta escuela, y la norteamericana de jurisprudencia sociológica formulan la revolución radical y tajante de la interpretación del Derecho, culminando con el pensamiento del maestro Recasens Siches. Desde luego estas escuelas toman ya la revolución de los principios asentados por sus predecesores.

JURISPRUDENCIA SOCIOLÓGICA NORTEAMERICANA

Oliver Wendel Holmes

El magistrado de la Suprema Corte de Justicia de los Estados Unidos de Norteamérica, en el siglo XIX tuvo el tino de criticar a la lógica tradicional al expresar: "... la vida real del Derecho no ha consistido en lógica, sino en experiencia. Las necesidades sentidas en cada época, las teorías morales y políticas predominantes, las intuiciones en que la acción política se ha inspirado, bien aquellas confesadas explícitamente o bien otras inconscientes, e incluso los prejuicios que los jueces tienen al igual que todas las otras gentes, han tenido que ver mucho más que los silogismos en la determinación de las normas para gobernar a los hombres".

Holmes habla del buen sentido y entiende por este concepto ciertas razones que no encajan dentro del campo de la lógica tradicional, sino dentro de otro tipo de lógica, lo que más tarde llamará Recasens la lógica de lo humano. Ahora bien, si bien acepta el silogismo en materia de interpretación, entonces dice Holmes, el problema se plante de un ángulo diferente: ¿cuáles han de ser las premisas correctas?, ¿cuáles hechos materiales han de ser los calificados jurídicamente?, esta es una labor exclusivamente jurisdiccional.

Holmes es el precursor de la escuela sociológica norteamericana, Pound es sin duda el principal exponente.

Los postulados de esta escuela, aunque teóricos han tenido gran trascendencia en la práctica.

El Derecho es un instrumento para la vida social y como tal debe tomar en consideración a la Historia, Sociología y Política.

El juez, el legislador, o cualquier otro jurisperito, para elaborar una norma ya general o individual debe tender a la realización de justicia, tomando en consideración todas las realidades sociológicas que se le presenten.

El fin último del Derecho, dice la jurisprudencia norteamericana sociológica, es la justicia, el juez no debe desobedecer al Derecho, pero sin embargo debe inspirarse en las ideas de justicia y de bienestar social, las cuales deciden sobre que método de interpretación es el correcto.

La máxima preocupación de esta escuela, es llegar a sentencias justas. Se dan casos en que las normas jurídicas son anacrónicas para ciertos nuevos hechos sociales y por tanto la interpretación de esas anacrónicas normas jurídicas deberá conciliar las nuevas situaciones sociológicas con esas viejas normas.

Esta escuela habla de lo que se llama ingeniería social y un sistema de derecho positivo trata de lograrla de la siguiente manera:

1. Dando prioridad a ciertos intereses que reclaman mayor protección que otros.
2. Cuales son los límites dentro de los cuales esos intereses son reconocidos y protegidos en normas jurídicas.
3. Asegurando de una manera efectiva esos intereses.

Esta tarea siempre está en renovación.

Además de estas escuelas y autores mencionados, existen otros muchos y como éstos expresan su labor renovadora dentro del tema de la interpretación.

Luis Recasens Siches

Independientemente que la tesis de este autor está expresada con mayor amplitud en los siguientes capítulos del presente trabajo, el maestro formula las siguientes críticas: "son diez los grandes errores de la teoría y práctica jurídicas del siglo XIX".

Entre los cuales se citan:

1. Las normas jurídicas no son proposiciones lógicas susceptibles de verdad o falsedad.
2. Los contenidos de las normas jurídico-positivas no pueden ser tratados por los métodos de la lógica tradicional.
3. La sentencia no es un silogismo.
4. La función jurisdiccional no es automática sino creadora.
5. Es imposible sistematizar la jurisprudencia.
6. Las normas jurídicas individualizadas son auténticas normas jurídica y no como se creía en el siglo XIX.
7. No hay conceptos esenciales de Instituciones Jurídicas Históricas.
8. No hay diferencia entre creación e individualización del Derecho.
9. Crítica de la separación entre cuestión de hechos y cuestión de Derecho.
10. La creación de Derecho no es de arriba hacia abajo, sino de abajo hacia arriba.

Capítulo Tercero

Derecho Vigente

LA REALIDAD DE LO JURÍDICO

El Derecho, como se observó al tratar el concepto de lo jurídico se encuentra producido por los hombres para la resolución de los conflictos que se le presentan en su vida social, lo elabora bajo el estímulo de ciertas necesidades, pero lo elabora con el propósito de realizar valores principalmente el de justicia.

El Derecho pertenece por tanto al reino de lo humano, con la categoría de normativo, pero no de lo individual sino de lo colectivo.

Esta obra humana se hace objetiva en las normas: leyes, reglamentos, sentencia, resoluciones administrativas, que influyen sobre la realidad social, pero no hay que olvidar que son producidas por ciertas urgencias que esa realidad social le presenta al juez, al legislador, a un funcionario administrativo. He aquí en breves palabras lo que ha denominado el maestro Recasens la doble circunstancialidad del Derecho.

Circunstancialidad de la palabra circunstancia, es decir, el Derecho es creado por el estímulo de ciertas circunstancias ya sociológicas, ya políticas, o ya históricas. El maestro Eduardo García Máynez en su obra "Introducción al Estudio del Derecho", habla de las tres principales acepciones de la palabra Derecho:

1. *Derecho Vigente.* El orden jurídico vigente es el conjunto de normas impero-atributivas que en una cierta época y en lugar determinado la autoridad política declara obligatoria, en esta definición está incluida además de la legislación, la costumbre.

2. *Derecho Positivo.* Nos dice el maestro García Máynez no todo Derecho positivo es vigente, ni todo Derecho vigente es positivo. La positividad es un hecho que estriba en la observancia de cualquier precepto, vigente o no. Por tanto, la costumbre no aceptada por el Estado es Derecho Positivo, pero no vigente.

3. *Derecho Natural.* Es decir, el Derecho como una idea de valor. En ese tema los autores siempre se han debatido. De acuerdo con las positivistas llámese derecho natural a aquel que se desprende del Derecho Positivo. Los ius-naturalistas, tampoco se ponen de acuerdo, unos lo fundan en un sentido biológico, otros en la naturaleza misma del hombre, otros en fin en un orden natural inmutable, intrínsecamente justo, de principios eternos que existe al lado o por encima del Derecho Positivo.

De lo anterior concluimos que el maestro García Máynez dice que la palabra Derecho se aplica a tres objetos diferentes no reductibles entre sí a un sentido unívoco. Nosotros no participamos de esta conclusión.

Siguiendo al maestro Recasens el derecho presenta una triple dimensionalidad: el Derecho tiende a la realización de justicia; es una norma; pero se produce bajo hechos humanos, y repercute sobre hechos humanos.

El maestro Recasens siguiendo el pensamiento de Reale continúa explicando magistralmente la realidad del Derecho en su obra "Tratado de Filosofía del Derecho".

Habla de las tres dimensiones del Derecho y afirma:

1. El Derecho es un objeto de índole ideal, un valor.
2. El Derecho es una norma humana con validez fundada y circunscrita por el Estado que tiene competencia para dictarla y aplicarla.
3. El Derecho es una realidad sociológica, un hecho de conducta efectivamente realizada, un hecho que aparece como el efecto de otros fenómenos sociales y actúa a su vez como causa produciendo ciertos efectos sociales.

Por lo tanto, el Derecho tiende a la realización de ciertos valores; pero no solamente es valor sino también tiende un aspecto normativo, es una norma, es un deber ser, pero el Derecho se produce bajo unos especiales hechos humanos, puesto que el Derecho es una obra humana y este es precisamente la tercera dimensión, la dimensión fáctica.

Y concluye Recasens: "Seguramente lo que sucede es que el objeto 'Derecho', en sentido auténtico, verdadero, posee tres dimensiones, cada una de ellas relacionadas —aunque no identificada— con cada uno de aquellos tres puntos de vista. En tal caso, se deberá explicar con toda precisión ese auténtico sentido de la palabra Derecho, y entonces relegar a sentidos meramente parciales o figurados las otras tres acepciones mencionadas"[13].

LAS FUENTES DEL DERECHO

Las fuentes del Derecho vigente positivo, tradicionalmente se han considerado tres principales: la legislación, la costumbre, la jurisprudencia.

Pero hay que hacer notar, en todo caso que la única fuente formal del Derecho vigente, es la voluntad del Estado, porque es que elabora las normas, da a la costumbre validez formal, y porque es el que aplica en última instancia el Derecho.

Hay que hacer notar que esta voluntad estatal como fuente única formal, no debe tomarse como una voluntad de tipo psicológico sino como una construcción jurídica formal, es decir, la personalidad del Estado.

LA VALIDEZ FORMAL DE LAS NORMAS

Este derecho vigente de un Estado en un determinado tiempo y lugar se presenta como un conjunto de normas jurídicas sistemáticamente ordenadas en forma jerárquica; es decir en forma de pirámide en donde unas son fundamento de otras de rango inferior y éstas a su vez son fundamento de otras de rango aún más inferior cuya validez respectivamente deriva de su fundamentación en la norma jerárquicamente superior, esta norma situada en la cúspide de una pirámide imaginaria, se le denomina norma fundamental o Constitución.

---

[13] Recasens, obra citada, pág. 158.

LA CONSTITUCIÓN

Esta teoría es expuesta por la escuela de Viena, cuyos principales autores son: Kelsen, Merkel y Vedross[14]. Constitución en sentido físico es la manera de ser de algo, y en este sentido por pueblo tiene una constitución. Pero desde punto de vista jurídico no todo pueblo tiene una Constitución.

Existen tres definiciones, según el punto de vista, o del ángulo que se observe.

Desde el punto de vista formal "Constitución es el conjunto de normas que van a regular la forma del Estado, la forma y organización del gobierno y los límites del Estado". Esta definición es de Esmein. Se contiende por forma de Estado, como el principio de que el gobierno de esa comunidad esté en manos del pueblo, de una clase, o de un hombre. Forma de gobierno es el conjunto de relaciones que existen entre los órganos que detentan del poder (presidencial, parlamentario y congresional).

Desde el punto de vista finalista "Constitución es el ordenamiento que se propone estructurar racionalmente al poder para conseguir un equilibrio entre el orden y la libertad". Hauriou.

Sin embargo, cabe preguntarse ¿dónde deriva la validez de la norma situada jerárquicamente como la fundamental, es decir. de la cual deriva la validez de las otras jerárquicamente inferiores?

La teoría expuesta daría la respuesta al referir, la norma fundamental a las normas fundamentales precedentes en el tiempo, pero llegará un momento en que exista únicamente la primera norma fundamental; ¿y ésta a su vez de donde deriva su validez?

Este es un problema grave para la Filosofía del Derecho, pues ciertamente no encuentra su razón de ser en lo jurídico, sino su fundamento es metajurídico: ya sociológico, ya histórico, ya político. Posiblemente fue una revolución la que le dio origen o un cambio brusco en las estructuras políticas y sociales, una ruptura con el pasado, un golpe de Estado estableciéndose un gobierno de facto y transformán-

---

14 Kelsen (Hans) "Teoría General del Derecho y del Estado".

dose este en el Derecho, o tal vez una conquista, o la formación de un nuevo Estado.

Pero al fin y al cabo el jurista se encuentra que su sistema jurídico ha cambiado y tendrá que volver a buscar sus soluciones a los casos concretos que se le presenten en el nuevo orden jurídico.

Por lo tanto, el problema de la fundamentación de la primera Constitución escapa de sus manos y es la Sociología, la Política, o la Historia las que en última instancia le den fundamento, base y solución.

Es de hacerse notar que el derecho vigente en un determinado país no acepta la revolución, ni el golpe de Estado o cualquier otro movimiento que rompa con el sistema que este ordenamiento dispone, puesto que tendría en el mismo el germen de su propia destrucción (artículo 136 Constitución Política de los Estados Unidos Mexicanos).

Y así, las Constituciones de los diferentes Estados proponen las maneras o los procedimientos de ajustar el ordenamiento jurídico a las nuevas necesidades de la realidad social. Esto se hace a través del Poder Constituyente Permanente o a través del Poder Revisor, según Tena Ramírez o Mario de la Cueva.

En México es el artículo 135 el que se encarga de resolver el problema[15].

Ha de hacerse notar por otra parte que el derecho positivo creado por la revolución ha de ser aceptado por la comunidad, es decir por la voluntad social predominante, puesto que, si no es así, el derecho vigente quedaría como tal, es decir como conjunto de normas impero-atributivas que en cierta época y en un país determinado la autoridad política declara obligatoria, pero no como positivo, entendiendo por éste, un hecho que estriba en la observancia de cualquier precepto vigente, o no. Un ejemplo de este derecho vigente pero no positivo es el artículo 130, en algunos de sus párrafos de la Constitución Mexicana[16].

---

15 Constitución Federal de los Estados Unidos Mexicanos.

16 Ibidem.

Para la formulación de la Constitución, como norma general fundamental que es, el Poder Constituyente debe tomar en cuenta los factores reales de poder como la religión, la historia, las limitaciones del orden internacional, y la realidad misma de esa comunidad, en una palabra, debe colocarse en el campo de logos, de lo humano para formular el contenido de la Carta Magna.

El Poder Constituyente estableció la Constitución en sentido lógico jurídico; la Constitución en este sentido estableció la Constitución en sentido jurídico-positivo y ésta es la norma fundamental del orden jurídico-positivo en lugar y época determinados.

Esta norma fundamental establece el rango que ocuparán las normas que dimanen de ella; para que éstas sean válidas formalmente, es necesario que su formación se siga de acuerdo con el procedimiento establecido por la Constitución misma.

LA LEGISLACIÓN

La legislación ordinaria es la inmediata inferior a la Constitución.

La Ley se puede ver desde dos puntos de vista. Desde el punto de vista material Ley es una norma jurídica general o abstracta (dentro de esta definición se sitúan los reglamentos); y desde el punto de vista formal Ley es toda disposición emanada del Poder Legislativo[17].

Las leyes aparecen hasta un período social avanzado relativamente reciente; y aunque en su mayoría los Estados aceptaron el Derecho escrito, hubo algunos países en los cuales siguió imperando con todo rigor la costumbre.

La Ley no es todo el Derecho, sino una parte de él, sin duda la más rica en los Estados de Derecho Legislado, aún que la obra del legislador, como toda obra humana no podrá prever todos y cada uno de los innumerables casos que presenta la realidad social.

---

[17] El procedimiento para la elaboración de la Ley, está contenido en el artículo 72 de la Constitución Mexicana. La iniciativa de ley o decreto compete: al Presidente de la República, Diputados y Senadores al Congreso de la Unión y a las legislaturas de los Estados.

La Ley se presenta como una de las formas en que el derecho se exterioriza y como toda expresión contiene una significación, por tanto, necesita la interpretación. La expresión de un pensamiento jurídico aparece ante nuestros ojos representada por los artículos de los códigos; éstos a su vez, se sirven de las palabras escritas que en su aspecto físico son un signo o conjunto de signos gráficos los cuales para cumplir su cometido es imprescindible tengan una significación; es decir, un contenido conceptual referido necesariamente a un objeto, representado por el concepto en el mundo de los pensamientos. De igual manera, esa forma de expresión jurídica, o sea, el texto legislado ha de tener para ser tal expresión un sentido o significación que se refiera a un objeto, en este caso, la norma bilateral de conducta buscada.

Como se dijo anteriormente, tanto el Poder Constituyente, como el Poder Creado, el Legislativo, para formular el contenido de sus respectivas normas tendrán que situarse en la región de la lógica, la lógica de lo humano, es decir deben valerse de juicios estimativos, de realidades sociológicas e históricas y con el propósito de producir ciertos efectos dentro de la realidad social.

EL REGLAMENTO

El reglamento considerado como Ley en sentido material, es desde el punto de vista formal emanado del Poder Ejecutivo y es jerárquicamente inferior a las leyes, salvo aquellos que tengan rango de Ley por delegación expresa del Poder Legislativo[18].

LAS NORMAS INDIVIDUALIZADAS

En otro escalafón inferior de la pirámide jurídica, nos encontramos ya no con normas de carácter general y abstracto, sino particu-

---

18 Artículo 89 de la Constitución Mexicana, que establece la facultad del Ejecutivo para elaborar reglamentos, pero éstos son solamente para la especificación o bien supletorios de leyes siempre que no se opongan a ellas.

lares, concretas, individualizadas, siendo normas jurídicas porque el ordenamiento jurídico respectivo les concede el rango de tales. Así tenemos el contrato, las normas derivadas de negocios jurídicos. El grado más inferior de la pirámide está constituido por la sentencia y las resoluciones administrativas[19].

La norma general como se dijo, establece situaciones abstractas, y para que esta norma opere es necesario que se individualice y concrete a un determinado caso que se presenta en la realidad, esta norma es creada por el Poder Judicial y es la única norma completa, perfecta y la única capaz de hacerse cumplir coactivamente.

El juez ante la presencia de un caso concreto, necesariamente tiene que resolver en virtud de la plenitud hermética del orden jurídico, aplicando la Ley, pero no enlazando las consecuencias o disposiciones de derecho al caso concreto; pero NO a manera de silogismo en donde la premisa mayor esté constituida por la norma jurídica general, la menor por los hechos jurídicamente calificados y la conclusión por la norma individualizada, sino por el contrario se desecha esta postura porque es el juez un verdadero creador de la norma individualizada porque no es un simple mecanismo automático del intelecto del juez deducir la conclusión, sino que representa para él un verdadero enjambre de operaciones mentales, que muy lejos de constituir un mero silogismo, constituye la expresión de juicios estimativos, de calificaciones de hechos y en general de la creación de una nueva norma diferente.

LA COSTUMBRE

Generalmente los pueblos primitivos se regían por preceptos consuetudinarios, sin embargo, existen ordenes jurídicos actuales sumamente evolucionados como los anglosajones que en su mayor parte están constituidos por normas consuetudinarias.

Sin embargo, como se observó, el Estado es el único capaz de dictaminar que normas consuetudinarias constituyen derecho vigen-

---

19 Artículo 14 y 17 de la Constitución Mexicana.

te; esta facultad el Estado la ejercita ya sea a través de sus tribunales (órganos jurisdiccionales), o a través de la ley (órganos legislativos).

La teoría romano-canónica dice que la costumbre para ser jurídica debe llenar dos requisitos:

1. La idea de que el uso en cuestión es jurídicamente obligatorio y que por tanto debe aplicarse (opinión juris seu necessitatis).
2. La práctica suficientemente prolongada de un determinado proceder (inveteratu consuetudo).

Sin embargo, realmente la doctrina citada, actualmente no tiene aplicación, por ejemplo en derecho internacional, en donde el uso no puede ser muy prolongado, y sin embargo es la costumbre fuente principal del derecho internacional[20]. Haciendo nuevamente referencia a la teoría constitucional, en los países de derecho consuetudinario, es esta norma, es decir la Constitución fundamento de la validez formal de las demás normas jurídicas, solo que, esta Constitución no es escrita, sino que puede ser consuetudinaria; y es que hay constituciones escritas y rígidas, constituciones escritas y flexibles, constituciones no escritas y rígidas y por último, constituciones no escritas y flexibles.

Entiéndase por rígida, aquella constitución en la cual existe un procedimiento mucho más complicado para cambiar o transformar algunos de sus preceptos que para derogar la legislación ordinaria. Y entiéndase por flexible aquella constitución que no establece un procedimiento extraordinario para modificar algún precepto, sino que es el mismo procedimiento que para la legislación ordinaria[21].

Pero se concluye que el derecho consuetudinario es tan derecho como el legislado.

---

20 Sepúlveda César, "Derecho Internacional Público".

21 México posee una Constitución rígida y escrita. (Art. 135 Constitución Política).

LA JURISPRUDENCIA

Se ha hablado de jurisprudencia en el sentido de teoría del orden jurídico positivo, sin embargo, posee otro sentido y que es "el conjunto de principios y doctrinas contenidas en las decisiones de los tribunales".

Se ha hablado de la norma individualizada como producto de la función judicial, de que ésta debe seguir el cauce que el legislador le señaló; pero existen otras normas individualizadas que también le marcan los lineamientos al juez para dictar su norma individualizada, estas normas individualizadas son obligatorias para el juez, y establecen los criterios que debe seguir éste.

Más que una norma individualizada con carácter general, que a primera vista parece un absurdo, es un conjunto de normas individualizadas que reúnen ciertos requisitos señalados por la legislación, a saber: que provengan de autoridades judiciales superiores, que sean determinadas normas individualizadas en el mismo sentido, sin ninguna en contrario, en fin es la legislación en última instancia quien ha de decidir las características que debe de tener la jurisprudencia para considerarse obligatoria, general y abstracta.

En México, en la jurisprudencia de la Suprema Corte de Justicia la que obliga no solo a los jueces de rango inferior sino a la propia Corte.

Los artículos 192 a 195 de la Ley de Amparo establecen lo que constituye jurisprudencia[22].

El artículo 193 dice así: "La jurisprudencia que establezca la Suprema Corte de Justicia funcionando en Pleno sobre interpretación de la Constitución y leyes federales o tratados celebrados con las potencias extrajeras, es obligatoria tanto para ella como para las Salas que la componen, los Tribunales Colegiados de Circuito, Tribunales Unitarios de Circuito, Jueces de Distrito, Tribunales de los Estados, Distritos y Territorios Federales y Juntas de Conciliación y Arbitraje.

---

[22] Nueva Legislación de Amparo, ley reglamentaria de los artículos 103 y 107 de la Constitución Política.

Las ejecutorias de la Suprema Corte de Justicia funcionando en Pleno constituyen jurisprudencia siempre que lo resuelto en ellas se encuentre en cinco ejecutorias no interrumpidas por otra en contrario, y que hayan sido aprobadas por lo menos por catorce Ministros".

Ya constituyendo jurisprudencia, las tesis son obligatorias con las características anteriormente descritas de cinco ejecutorias en un mismo sentido sin ninguna resolución en contrario, pues se destruiría la obligatoriedad, es decir, contrariamente de lo que sucede con las normas emanadas del Poder Legislativo en donde una norma general deroga a otra general; en el caso de la jurisprudencia es una norma individual la que destruye a la general[23].

La jurisprudencia constituye actualmente una fuente fundamental del derecho, pero no solamente la jurisprudencia de la Suprema Corte sino entiéndase bien toda norma individualizada. El juez no puede negarse a juzgar aún cuando la ley calle. Está obligado a resolver el problema de derecho y entonces es por tanto una fuente primordial para constituir la plenitud hermética del orden jurídico.

---

23 García Máynez Eduardo, obra citada, pág. 71.

Capítulo Cuarto

Interpretación del Derecho

LA INTERPRETACIÓN LEGISLATIVA

La mal llamada interpretación legislativa por los autores es más bien la creación de una nueva legislación suplementaria.

La tarea legislativa es la de crear las normas jurídicas con el propósito de realizar justicia, conciliando intereses, cuáles de éstos merecen mayor protección dentro de la época histórica, situación geográfica, y sociológica en que se encuentra.

El legislador tiene poder para crear nuevas leyes derogando o abrogando las anteriores, pero indiscutiblemente no puede, ni debe, dictar los métodos de interpretación de que debe valerse el juez para crear su norma individualizada.

Si el legislador dicta una norma y posteriormente dicta otra para la interpretación de aquella, lo que realmente está haciendo es una nueva norma.

El problema de interpretación se vuelve a presentar, en el fondo es el mismo, pero con diferente planteamiento, desplazado del texto anterior al posterior, pero en última instancia ambas normas son interpretadas exclusivamente por el órgano jurisdiccional.

El legislador puede ordenar conductas que él considera justas, las ordena mediante disposiciones legislativas, ésta es su competencia, pero jamás puede ordenar en una norma legislativa cuál ha de ser el criterio de interpretación que deba seguir el juez.

INTERPRETACIÓN DOCTRINAL, PRIVADA, CIENTÍFICA

Se llama interpretación doctrinal, privada o científica aquella que se realiza en forma privada, con arreglo a los principios de la ciencia del derecho en el terreno especulativo por los jurisconsultos, libres, profesionistas, profesores, tratadista. Esta interpretación doctrinal o privada carece de fuerza obligatoria, y tiene únicamente el valor de una opinión que a nadie obliga puesto que como nunca constituirá una norma jurídica, no puede ser impuesta a los tribunales.

La interpretación de una norma la efectúan los mismos obligados por la ley, su abogado, un teórico del derecho que da su opinión, y están interpretando el derecho para cumplir, puesto que como se ha expresado la norma general abstracta es incompleta y solo individualizada es una norma perfecta y completa. Esta interpretación hecha por los obligados en la norma es lo que sucede normalmente, pero surgiendo cualquier controversia, en última instancia, la interpretación será hecho por el juez, por el órgano jurisdiccional, cuya interpretación es obligatoria.

En Roma se confirió a ciertos juristas la potestad de imponer su opinión, contribuyéndose con ello a la formación de la importante clase de los jurisconsultos, que durante la República, tuvo extraordinaria influencia sobre la interpretación del derecho con su labor científica doctrinal. Esta interpretación tenía fuerza obligatoria.

En España, los Reyes Católicos hicieron una ley que mandaba, en duda o falta de ley se debían seguir las opiniones de Bartolo y Baldo, con lo cual surgió la tradición romana de hacer obligatorias las opiniones sobre interpretación que emitían los distinguidos jurisconsultos.

INTERPRETACIÓN JUDICIAL O JURISPRUDENCIAL

La división de poderes establecida por la doctrina de Montesquieu, estructura a los Estados que se inspiran en ella en un sistema de pesos y contrapesos, es decir, en el equilibrio del poder.

Los tres poderes: el legislativo, el ejecutivo y el judicial y los tres subordinados a la ley, dentro de un sistema de Derecho.

Donofrio dice al respecto: "...es una de las grandes conquistas de la civilización..." Solamente por medio del equilibrio del poder se garantiza la libertad y seguridad, no solo del ciudadano sino de toda persona humana.

Aplicando la doctrina mencionada es posible separar y delimitar la actividad específica del poder judicial: así como se analizó que el legislador solo tiene facultad para elaborar preceptos de derecho a los cuales se atribuyen determinadas consecuencias cuando aparezcan las relaciones de hecho previstas; el juez tiene la facultad de interpretar y aplicar aquellas normas jurídicas creadas por el legislador. Y es en esta labor interpretativa donde el juez se convierte en creador del Derecho.

El legislador no podrá prever todos y cada uno de los innumerables casos de la realidad humana y social, ante estas lagunas, el juez, como se verá al tratar la plenitud hermética del orden jurídico, tiene que resolver y es aquí donde se observa su verdadera labor creadora[24].

No es que el juez se coloque por encima de la ley, está subordinado a ella, interpreta tomando en consideración las apreciaciones valorativas en las que el legislador se inspiró, el juego de intereses que tomó en cuenta, los que tendrían mayor protección que otros. Sin embargo, las leyes no se aplican por si mismas, sino es el juez como intérprete de ellas el que ha de decidir cual norma y a que casos se aplica; por tanto, debe tener en cuenta el contenido material de la norma o sean los efectos que el autor de la misma quiere que se produzcan en la vida individual y colectiva.

El juez en su labor interpretativa, individualiza, particulariza a la norma general y abstracta, y crea una norma, pero esta norma es singular, obligatoria, perfecta, completa[25].

La sentencia no es el producto de un silogismo como creía la Escuela Exegética es ante todo "una recíproca interrelación entre la constatación de hechos, su calificación y la norma jurídica general aplicable a esos hechos"[26].

---

24 Recasens Siches, obra citada, págs. 311-313.

25 Recasens Siches Luis, "Nueva Filosofía de la interpretación del Derecho".

26 Recasens Siches Luis, "Nueva Filosofía de la interpretación del Derecho". Tesis que ha sido sostenida por el maestro Recasens —de que el juez es un

La norma general es precisamente general y para que ésta sea individual y se cumpla, requiere de la actividad jurisdiccional, es decir, de una actividad creadora.

El juez debe conciliar la seguridad y la certeza que proporciona la ley, con la justicia con que él debe resolver.

El Derecho vivo es el que se encuentra en las resoluciones judiciales y no aquel petrificado en normas generales, y la función interpretativa del juez es precisamente eso: verificar el Derecho.

LÓGICA TRADICIONAL

Se ha venido haciendo referencia a la lógica tradicional y ahora se introducirá un nuevo concepto: logos de lo razonable. Sin embargo, es preciso que se delimite el campo de la lógica tradicional.

Lógica proviene de los vocablos griegos: *logos* que significa tratado; *ica*, que significa perteneciente a.

Etimológicamente a la lógica se le define como *el tratado del pensamiento.* Desde el punto de vista formal es definida como la ciencia filosófica que estudia el pensamiento y le da reglas para que sea correcto y verdadero.

Correcto quiere decir que se constituya de acuerdo con las leyes de la sintaxis, *verdadero* significa la conformidad de la mente con la cosa. La lógica formal, por tanto, estudia las leyes del pensamiento. A esta parte de la lógica se le denomina *Dialéctica.* Comprende tres operaciones fundamentales: concepto o idea, juicio, y raciocinio. De aquí que la lógica formal se subdivide en tres partes: lógica del concepto, lógica del juicio y lógica del raciocinio[27].

La lógica material es la ciencia de las leyes del pensamiento, pero aplicadas a determinadas esferas de objetos; a esta lógica se le denomina también *Metodología*[28].

---

verdadero creador del Derecho y no un simple autómata.

27 Alatorre Padilla Roberto, "Lógica", pág. 39.

28 Alatorre Padilla Roberto, "Lógica", pág. 39.

La lógica se ha tratado de identificar con otras ciencias, pero esto es erróneo, pues no solo posee objeto propio, sino que además es la ciencia de las ciencias. Es una ciencia filosófica, es en conclusión el instrumento de todas las ciencias, en tanto que estudia la razón y el pensamiento mismo. Sus principios son la base de todas las ciencias y es ley universal para todas ellas.

La lógica estudia las ideas puras, los conceptos a priori, las leyes del silogismo, los axiomas.

La lógica moderna para representar las operaciones mentales, se ha valido de símbolos matemáticos en su exposición y búsqueda de sus principios, esta posición recibe el nombre de Lógica Simbólica.

En los últimos años debido al gran desarrollo de las matemáticas, algunos pensadores han tratado de identificar a la lógica con la ciencia matemática, y ésta es la llamada Lógica Matemática.

Al respecto dice Bertrand Russel: "A la matemática y la lógica se les señaló históricamente como dos campos de estudio separados por completo. Se afiliaba la matemática a las ciencias de la naturaleza, la lógica a las ciencias del espíritu. Pero otra cosa acaece, al desarrollarse ambas en la época moderna: la lógica se hizo matemática; la matemática, lógica. A consecuencia de esto, hoy es del todo imposible efectuar entre ellas una separación racional. De hecho, son una misma cosa. De diferencian como el muchacho y el adulto. La lógica es el adolescente de la matemática y ésta el hombre maduro de la lógica. Frente a esta concepción se defienden aquellos lógicos que han gastado su tiempo en el estudio de los textos clásicos, haciéndose incapaces de comprender un trabajo donde intervengan demostraciones simbólicas. También se oponen aquellos matemáticos que en realidad aprendieron tan sólo una técnica, sin haberse tomado nunca la molestia de investigar su legitimación y sentido. Los tipos de ambas especies se hacen por fortuna cada vez más raros. Una gran parte de la matemática moderna se aproxima de un modo evidente a las fronteras de la lógica; y de otro lado la lógica moderna es casi toda ella simbólica y formal. La estrecha afinidad de la matemática y la lógica salta a la vista de todo hombre instruido y culto"[29].

---

29 Bertrand Russell, citado por: Alatorre R. Roberto, obra citada, pág. 36.

Del resumen anterior concluimos que el Derecho como disciplina científica participa de la lógica, de sus principios: de identidad, de contradicción, de tercero excluido, de razón suficiente. La lógica le da al Derecho su objeto, su método, y al hablar en lógica del Derecho como ciencia normativa, se trata de una lógica de la norma.

¿Qué es la norma? Norma es todo imperativo dado a la voluntad o conducta humanas. Tiene dos elementos: deber ser y sanción.

Pero para ser tal debe tener como base un valor, es decir un ente cuya esencia es la valencia, hace valiosa a la persona o cosa en la cual se proyecta (verdad, pureza, justicia, etc.).

Y precisamente dentro de este campo de la lógica tradicional no se tiene nada en contra.

Los estudios realizados en México por el Dr. Eduardo García Máynez son insuperables: los principios de la teoría fundamental del Derecho, el a priori jurídico, los conceptos fundamentales, las categorías, son tomados precisamente de la lógica tradicional[30].

Se habla contra la aplicación de la lógica formal a la interpretación y aplicación del Derecho: las leyes del silogismo, o sea la argumentación que consiste en deducir o sacar una proposición de otra con las cuales está enlazada.

La proposición o juicio que se deduce se denomina conclusión y las proposiciones de donde se deduce la conclusión se denomina antecedentes o premisas.

Ahora bien, esta lógica sirve para tratar los problemas de las leyes del silogismo, del a priori, pero indiscutiblemente que al tratar de aplicar esta lógica fisicomatemática a la interpretación de la vida humana es un fracaso[31].

La norma jurídica es obra humana que en un momento histórico se propone producir ciertos efectos en la colectividad y esa es precisamente la medida de la norma, los efectos que ésta produce[32].

---

30 García Máynez Eduardo, obra citada, pág. 119.

31 Tesis que sustenta el maestro Recasens.

32 Ídem.

La aplicación de la lógica formal al campo de la interpretación de la vida humana objetivada, al decir de Recasens, en una palabra, la Norma, traerá como consecuencias en muchas ocasiones terribles injusticias.

"La lógica tradicional, no es toda la lógica, no constituye la lógica entera, sino tan solo una parte de ella"[33]. Y es que hay un campo muy basto que está constituido por la vida misma del hombre, por la existencia humana, cuya complejidad y dimensionalidad no pueden ser estudiados por la lógica formal, sino por otra lógica, pero lógica al fin puesto que, si logos es la razón, es el pensamiento miso, pero no a manera de silogismo, sin ninguna estimación, ni reflexión valorativa, sino por el contrario es la razón de lo humano, calificando y valorando los hechos humanos. Al respecto dice Ortega y Gasset: "todas las definiciones de la razón que hacían consistir lo esencial de ésta en ciertos modos particulares de operar con el intelecto, además de ser estrechas, la han esterilizado, amputándole y embotando su dimensión decisiva. Para mí es razón, en el verdadero y riguroso sentido, toda acción intelectual que nos pone en contacto con la realidad, por medio de la cual topamos con la trascendente. Lo demás no es sino... puro intelecto; mero juego casero y sin consecuencias, que primero divierte al hombre, luego lo estraga y, por fin, le desespera y le hace despreciarse a sí mismo".

Y continúa diciendo Ortega y Gasset: "Al poner la razón vital a la razón fisicomatemática no se trata de conceder permisos de irracionalismo. Al contrario, la razón histórica es aún más racional que la física, más rigorosa, más exigente que ésta. La física renuncia a entender aquello de que ella habla"[34].

Así concluimos que el campo de la lógica es mucho más extenso: comprende otras regiones como la de la razón histórica de Dilthey, la razón vital e histórica de Ortega y Gasset, la experiencia práctica

---

33 Ídem.

34 Ortega y Gasset José, obras completas, revista de occidente, Madrid, tomo IV, pág. 46.

de Dewey, la lógica de lo razonable o de lo humano, aplicada a la interpretación del Derecho de Recasens[35].

LOGOS DE LO RAZONABLE

Los contenidos de las normas jurídicas constituyen vida humana. El legislador tomó en consideración ciertos intereses dándoles prioridad a unos en relación a otros, pretendiendo que se produzcan determinados efectos y no otros en la colectividad, y creó la norma, tendiente a la realización de ciertos valores, a la justicia.

Hasta ahí su labor: creó una norma general, abstracta; ahora viene el juez quien hará que esa norma general se cumpla, creará otra norma, pero esta norma es una norma completa, es una norma individualizada, en la sentencia. La sentencia no debe salirse de los lineamientos que el legislador le marcó, debe cumplir con el ideal de justicia que se propuso el legislador, debe además darle mayor prioridad a aquel interés que el legislador le dio; y por último debe también tomar en consideración los efectos que el legislador se propuso con la norma general. El juez juzga, y al juzgar crea Derecho, y así decide según criterios estimativos que le da precisamente la lógica de lo razonable.

La lógica de lo humano, como la llama Recasens, contiene puntos de vista estimativos, que se desprenden de los valores de la vida humana, lo cual no sucede en la lógica tradicional que carece de jerarquía de valores[36].

Entonces bien, para elaborar los contenidos de las normas jurídicas ya generales, ya individualizadas, es necesario recurrir a logos de lo humano, así el legislador, el juez deben colocarse en la lógica de lo razonable.

---

35 Citados por Recasens, en su obra citada "Tratado de Filosofía del Derecho", pág. 642.

36 Tesis que sustenta el maestro Recasens, la cual no solamente estoy adherida a ella, sino que además es correcto.

Así los contenidos de las normas jurídicas se elaboran bajo criterios estimativos, estudio sociológico, en síntesis, conjugándolos diversos intereses en conflicto, declarando cuales deben ser protegidos; la norma individualizada debe además armonizar el sentido genérico de la norma general con el caso concreto, proponiéndose la realización de la mayor justicia posible.

LA EQUIDAD[37]

Sobre el programa de la equidad se ha escrito mucho en los tratados de Filosofía del Derecho, en los tratados de Filosofía general.

En la antigüedad romana, Cicerón nos dice que la equidad no es un corregir la Ley, sino es el modo en que se debe interpretar la Ley.

Aristóteles por su parte distingue la justicia de la equidad, pero es este sentido entiende por justicia el justo legal. La equidad es la expresión de los justo natural en relación con el caso concreto en cambio el justo legal se desprende de las palabras de la ley y es precisamente con el criterio de la equidad que se debe interpretar la norma jurídica.

Celso (D. 44.7.52) expresa que el Derecho es... "el arte de lo bueno y de lo equitativo", para conocer las leyes, no basta con el conocimiento de sus palabras, sino que debemos penetrar en la fuerza y alcance de éstas (es decir: debemos buscar el espíritu de la Ley, tras la fachada de sus palabras); es indebido emitir un juicio o dar una consulta basándose en alguna frase de la ley sin haberla estudiado en su totalidad".

Francisco Suárez hace un estudio de la equidad y taxativamente dice: "que es necesario que la Ley positiva deje de obligar en algún caso particular, pues siendo una disposición universal, no es posible que en todos los casos sea tan recta que no falle en caso alguno, ya que las cosas que regula son mudables y sometidas a causas contingentes, que no siempre puede prever el legislador, ni aún cuando

---

37 Estudios realizados de la equidad, en el libro del maestro Recasens Siches, "Nueva Filosofía de la Interpretación del Derecho".

pudiese hacerlo, resultaría conveniente formular todas las excepciones a la regla general del precepto, porque introduciría confusión y prolijidad infinita en la leyes. Estas excepciones no implican falta de rectitud en la ley, pues al contrario no sería recta la ley si fuera obligatoria en esos casos; y para su rectitud basta que comprenda aquello que ocurre las demás de las veces".

Recasens por su parte siguiendo el pensamiento tradicional de estos autores, formula su muy particular criterio al establecer que la equidad es el ÚNICO método de interpretación aplicable al Derecho: el legislador dicta una norma para que se produzcan determinados efectos en la realidad social que considera justos. El juez debe en su función interpretativa verificar si realmente la aplicación de la norma jurídica al caso concreto coincide con el efecto justo que se propuso el legislador y si la aplicación de la norma jurídica al caso concreto representa una sentencia injusta, esta norma no se aplica, es aquí donde el juez CREA derecho.

Capítulo Quinto

Lagunas de la ley

LAS LAGUNAS DE LA LEY

La palabra laguna tiene varias acepciones; el diccionario común y corriente la define como "lago pequeño", hueco en blanco en un escrito; vacío en un conjunto o serie[38]. El último concepto expresado es el que se acomoda al legal, pues si consideramos al Derecho como un conjunto formado por diferentes categorías de leyes, la laguna de la ley será, el "vacío en la serie o conjunto de leyes aplicables a un caso determinado".

Cuando existe una laguna de la ley, el juez no encuentra agotada la labor interpretativa, una ley para resolver el caso que se encuentra dentro del derecho y que tiene que tener solución por su obligación de fallar.

En nuestro concepto sólo existen las lagunas de la ley y no las del Derecho, pero fuera del alcance de alguna ley. No son lagunas de la ley los casos no previstos por éstas, en términos absolutos; es "todo lo que no está prohibido está permitido". Lagunas de la ley serán: "Todo lo que estando prohibido, no está reglamentado".

Llenar una laguna de la ley es labor judicial no potestativa, sino obligatoria. Esto trae como consecuencia la plenitud hermética del orden jurídico.

El problema planteado es el de buscar la pauta axiológica que no había sido incorporada al Derecho. Al referir ciertos ordenamientos jurídicos al Juez a los principios generales de derecho no resuelven los problemas[39].

---

38 Diccionario Enciclopédico ilustrado de la Lengua Española. Barcelona, España 1922.

39 Recasens Siches Luis, "Tratado de Filosofía del Derecho", pág. 325.

Es el juez quien determina la norma, pero en estos casos el juez no debe ser arbitrario en sus estimaciones, sino que debe inspirarse en los principios y las valoraciones estimativas que el orden jurídico señale. Los autores y los códigos vigentes le señalan al juez el método de la analogía, por ejemplo, para cubrir la laguna; sin embargo, en un criterio muy personal estimo que aun cuando las situaciones de hecho sean análogas, el juez debe resolver con su muy personal criterio inspirándose, desde luego, en los principios positivos.

En este caso nos estamos refiriendo a ciertos hechos que en definitiva no están previstos ni por la costumbre, ni por la ley, ni la generalización.

Se ha visto que el legislador no puede materialmente regular todos los casos que presente la realidad y es aquí donde se presenta la laguna.

PLENITUD HERMÉTICA DEL ORDEN JURÍDICO

El dubitadísimo problema de las lagunas del derecho y de las lagunas de la ley, tanto para los partidarios de la plenitud hermética del derecho, como para los que creen en la existencia de las lagunas del derecho, concuerdan en que es necesario integra la ley.

Para los primeros el integrar implica solamente explicitar la norma que el legislador omitió pero que está en el derecho, como miembro de una pluralidad de normal que forman un sistema perfecto y continuo; para los segundos se llena la omisión del legislador al integra la ley.

La diferenciación entre la interpretación y la integración presupone para la primera la existencia de norma a interpretar, mientras que la segunda es precisamente la consecuencia de la falta de norma que resuelva la solución aplicable en este caso que nos ocupa, a las cuestiones de orden formal.

Couture, estima que distinguir entre la interpretación e integración es limitar la función interpretativa que debe ser amplia[40].

La integración por analogía, llamada también autointegración, consiste en aplicar a una situación no prevista la norma establecida para una situación similar, utilizando para ello un procedimiento inductivo-deductivo.

Existen en el ordenamiento jurídico normas taxativas, es decir, no admiten que las partes puedan elaborar sus normas individuales en este caso las normas concretas deben seguir la pauta de las normas taxativas; normas supletivas, en este caso la ley otorga a las partes la autonomía de su voluntad, y si las partes no hacen uso de su voluntad la ley la suple; otras normas delegan expresamente en las parte, en los jueces y en autoridades administrativas ciertas facultades como por ejemplo las facultades discrecionales concedidas a autoridades administrativas; o bien conceden una delegación general como en el caso de las lagunas en donde la ley delega al juez la integración de esta obligatoriamente[41].

De ninguna manera podrá el juez dejar de sentenciar, este es un principio que todo ordenamiento jurídico contiene, y por tanto se rechaza la doctrina que considera que el derecho tiene lagunas, puesto que constituye un todo absoluto y es a este principio al que se le denomina plenitud hermética del orden jurídico. Este principio es un principio a priori.

La función judicial es por tanto una parte integrante del ordenamiento jurídico total.

Ahora bien, este mismo principio es aplicable: cuando dentro de una misma ley existen contradicciones, pues en su seno, un orden jurídico no debe contener contradicción. El juez en su labor interpretativa debe subsanar dichas irregularidades.

Los criterios de las diversas escuelas con respecto a las lagunas de la ley.

---

40 Couture, citado por José Gastón Tobenas, obra citada.

41 Recasens Siches Luis, obra citada, pág. 321.

ESCUELA EXEGÉTICA

García Máynez reproduce el pensamiento de la escuela mencionada, haciendo especial alusión a Blondeau, Huc y Demolombe, quienes sostiene que en caso de ausencia de la ley el juez debe rechazar la demanda, porque en tales casos el hecho está permitido[42]. Es natural, niegan los representantes de esta escuela las lagunas del derecho, pero no por la razón de que para ellos no existen tampoco las de la ley, como atinadamente señala Borja Soriano[43]. Llenar una laguna de la ley es lo que constituye la interpretación; llenar una laguna del derecho constituye en cambio la legislación.

Josserand, citado por Rafael de Pina[44] se expresa de este modo: "El texto más límpido no podría prever todas las dificultades que pueden presentarse en la práctica: La vida es más ingeniosa que el mejor de los juristas". Creemos que estas ideas del autor citado contienen la verdadera esencia de las lagunas de la ley. Las lagunas de la ley son situaciones previstas por una ley en un supuesto normativo, pero este supuesto no establece una consecuencia para esta situación especial, porque como dice Josserand, "el texto más límpido no podría prever todas las dificultades que pueden presentarse en la práctica". Las situaciones sociales, y particulares de todos los problemas jurídicos cambian constantemente; de aquí deriva la imposibilidad de prever todos los casos que puedan presentarse en la práctica, siendo ésta la causa de que surjan lagunas de la ley; porque habiéndose previsto la situación particular determinada, la ley fue incompleta, sólo limitándose al supuesto normativo, faltándole la consecuencia para ese caso concreto.

Castán Tobeñas dice que la teoría de las lagunas de la ley nace como una consecuencia del positivismo en el siglo XIX[45], agregando que esto se debió a que se considera hasta entonces a la ley, como la única fuente del derecho. Continúa narrando este autor, que el Positivismo Jurídico, y antes la Escuela Histórica afirmaron la plenitud

---

42 García Máynez Eduardo, obra citada, pág. 366.
43 Borja Soriano Manuel, obra citada.
44 De Pina Rafael, "Curso de Derecho Procesal de Trabajo.
45 Castán Tobeñas José, obra citada, pág. 304.

del ordenamiento jurídico y que la distinción entre lagunas de la ley y lagunas del derecho es original de este movimiento de ideas. Considera asimismo que los autores que hacen la distinción de las dos categorías de lagunas, admiten las de la ley, pero no las del derecho, debido a la plenitud enunciada. Estamos de acuerdo en que la teoría de las lagunas de la ley nació tal como lo expresa Castán Tobeñas pero creemos que las lagunas de la ley existen desde que existen las leyes mismas, por la imposibilidad de perfección de los supuestos normativos, como queda establecido. Las escuelas antiguas, como las del derecho natural, colmaban las lagunas por la "naturalis ratio", según el mismo doctrinario[46]; esta expresión equivale a decir "derecho natural", o ideal de justicia que radica esencialmente y de manera inmutable en la conciencia humana.

Aristóteles, citado por Castán Tobeñas[47] ya afirmaba desde aquella época del esplendor griego; "Cuando la ley falte (o sea, en caso de laguna de ésta), el juez ha de decidir según la norma que el legislador establecería si estuviera presente". Lo anterior mencionado por un filósofo tan antiguo, reafirma lo expuesto, de que si bien, la teoría de las lagunas es tan reciente; sin embargo, los vacíos en las leyes son tan viejos como las leyes mismas y ya Aristóteles se refiere a este problema. El derecho Romano, no obstante, su gran esplendor, no menciono a las lagunas de la ley ni del derecho, pero esto se debía, a decir del mismo escritor, autor de la cita, a que se confiaba llenar las lagunas a los magistrados, que acudían a la "naturalis ratio" o derecho natural[48]. Esta solución del derecho Romano nos recuerda a Carlos Cossío, que se expresa que no existen lagunas de la ley porque existen jueces y sólo por eso (por su obligación de fallar). El mismo Castán Tobeñas admite las lagunas de la ley, y rechaza, por ende, la concepción positivista e la "Plenitud lógicamente necesaria de la Legislación Escrita". Enseguida refiere que dichas lagunas se llenan por las fuentes expresa o tácitamente reconocidas por la legislación positiva[49].

---

46 Ibidem.

47 Castán Tobeñas José, obra citada, pág. 301.

48 Castán Tobeñas José, obra citada, pág. 303.

49 Idem.

Cossío afirma que la ilusión de progreso rectilíneo de la ciencia es lo que ha hecho surgir la distinción entre las escuelas antiguas y modernas de derecho[50]. Habiendo escrito que en la antigüedad en general se aceptaron las lagunas de la ley, con excepción del Derecho Romano, para el que no existieron éstas por la misma razón que apunta Cossío, porque existían jueces, magistrados, que tenían obligación de fallar, pasaremos al estudio de la Escuela Clásica o Exegética, y más delante de la Histórica y la Científica, así como las teorías de los autores contemporáneos.

Los orígenes de la Escuela Clásica los encontramos en los comentarios al Código Napoleón, particularmente al artículo quinto, que es el fundamento legal, pudiéramos decir, de la "Plenitud lógicamente necesaria de la legislación escrita", sobre la cual gira a través del pensamiento de sus representantes. En efecto, este precepto establece en su texto[51]: "Cuando la ley es clara no se debe eludir el sentido literal bajo el pretexto de penetrar su espíritu", y el octavo de manera especial originó en esta escuela el método analógico: "No se debe razonar de un caso a otro sino cuando son unos mismos los motivos de decisión". La escuela comentada en este párrafo tiene por representantes principales a Baudry Lancantanery, Laurent, Aubry et Rau, Demolombre, Blondeau, Hunc, Bugnet y Proudhon.

Debido al uso desmedido de la Analogía, que es empleada ya no solo como método interpretativo, sino principalmente, dada la naturaleza de ésta, como procedimiento de integración. Para ellos no hay lagunas por la razón expresada, porque la interpretación (analógica) no da lugar a vacíos en las leyes, o sea lagunas de la ley. Bajo la égida de estas teorías, las leyes con susceptibles de la interpretación extensísima, dado origen a inseguridad jurídica[52]. Bonnecase menciona algunos autores exegéticos, cuyos textos translucen el verdadero sentido de estos juristas agrupados en el movimiento de ideas que criticamos; como lo diría Deomolombe: "Los textos ante todo"[53]. Es a este culto desmedido al texto, al que se debe la búsqueda de la volun-

---

50 Idem.

51 Laurent "Principios de Derecho Civil Francés".

52 Artículo 14 Constitucional.

53 Geny Francois, obra citada.

tad legislativa, como atinadamente señala Bonnecase, estacionado la evolución del derecho[54]. La misma crítica de este autor, hace a esta escuela Geny: su pensamiento es éste en relación a los exegéticos y su doctrina: "Tiene el vicio capital de estancar el derecho y de parar de golpe todo progreso de ideas nuevas"[55].

Concluimos la exposición de las ideas de la Escuela Clásica o Exegética anotando la idea fundamental en relación con el tema de las lagunas de la ley que nos ocupa.

La escuela clásica del derecho ignoró la existencia de las lagunas, las que nunca se presentan porque la interpretación analógica, tan extensa, impide siquiera su concepto. "Los textos ante todo", como dice Demolombe nos revelan en esta escuela la clarividencia y el poder mágico del legislador que previó todos los casos en la fórmula del artículo octavo del Código Napoleón.

ESCUELA HISTÓRICA O DE LA JURISPRUDENCIA LIBRE

Nace como una reacción a la Escuela Clásica o Exegética del Derecho. En contraposición a la que le precede y que hemos mencionado, nos parece apropiado llamarla "Romántica"; pues ciertamente, representa en el derecho el Romanticismo.

La Escuela Histórica o de la Jurisprudencia Libre, tiene como rasgo fundamental como lo hemos mencionado, el romanticismo jurídico. En lo relativo a las lagunas de la ley, contrariamente a la opinión reinante de la escuela clásica o exegética, las admite. Se denomina a esta escuela analizada "Histórica", por su interés en buscar lo que denominaron "Dato Histórico" para llenar las lagunas de la ley; esto es, la voluntad del legislador. Consideran los representantes citados, así como el resto de ellos, que el derecho es un todo completo sin lagunas (lagunas del derecho). Creemos que esta escuela admite la existencia de las lagunas en el sentido ya expuesto antes de analizar

---

54 Idem.

55 Idem.

estas escuelas: la laguna de le ley existe dentro del derecho, que es un todo completo, sin lagunas. Se dan porque una conducta arrebatada a la libertad absoluta por un supuesto normativo, no tiene una consecuencia jurídica en el caso particular que se presenta: entonces, como el derecho es un todo completo, sin lagunas, aquella conducta tiene su consecuencia jurídica en éste. Dentro del cual está, siendo, para la escuela romántica del derecho la búsqueda por el juez del dato histórico y parra nosotros la obligación de fallar del juez.

El interés por la historia de esta escuela se manifiesta por buscar en todas las circunstancias que directa o indirectamente afectan al derecho, un dato colectivo o social, del cual forma parta la historia misma. Manifiesta, como es evidente, por los rasgos que se han esbozado, que el derecho se originó en una manifestación colectiva. Estas ideas, si hacemos memoria las vemos igualmente en el Contrato Social de Rousseau, como asentamos anteriormente. Savigny y Buchta, a este respecto citado por Geny, establecen la base del derecho en la conciencia popular comprendida como una entidad ideal y formando una unidad continua. De estas ideas, continúa exponiendo Geny, se desprende la importancia que esta escuela de interpretación da a la costumbre, la cual considera, por otra parte, como el mejor método para integrar. Hasta aquí lo que Geny menciona de ellos. El sociólogo Wund denomina a la conciencia popular "Alma Colectiva" y Savigny "Volksgeist".

Bonnecase también nos explica algo sobre Sanigny y su escuela[56]. Nos ilustra que suplir las deficiencias de la Exegética, como lo pretendió Savigny, fue un error; pues quiso llenar estas deficiencias atribuyendo a la ley sentidos que varían con el tiempo, y considerando misión de la jurisprudencia fijar en cada época y caso al alcance del texto legal. Sacamos en claro de las ideas expuestas sobre la Escuela Histórica, que admite las lagunas de la ley en contraposición a la Clásica o Exegética, que no las admite, fundamentando como método integrativo la búsqueda por el juez del dato histórico.

---

56 Geny Francois, obra citada.

ESCUELA CIENTÍFICA: GENY Y BONNECASE

La Escuela Histórica levantó muchísimas críticas, tantas o más que la misma Clásica. Geny, citado por Borja Soriano, criticaba a la Escuela Clásica porque el abuso de la analogía traía la pérdida de la seguridad jurídica, y a la Escuela Histórica porque si se buscara la voluntad legislativa a cada paso o "Dato Histórico" también se perdería esta seguridad, lo cual no venía a ser remedio[57]. Vice Geny que el texto debe tomarse en cuenta siempre y sólo ver la voluntad legislativa por excepción: cuando es obscura. En esto difiere el pensamiento de Geny y Bonnacase; porque este último, ni siquiera toma en cuenta en estos casos la voluntad expresada, estableciendo: "La ley es un documento que vale por sí mismo"[58].

BONNECASE

Bonnecase, en su obra hace a Savigny objeto de acerba crítica, señalando los peligros de su sistema, que puede acarrear la arbitrariedad judicial, "dando el juez libre fantasía a su imaginación escudada en los textos"[59]. No solo son estas las críticas que levantó la Escuela Histórica, las mencionamos nada más a manera de ejemplo. Estos errores que han señalado los tratadistas aludidos, provocaron la creación de la Escuela Científica del derecho, Bonnecase, representante de la Escuela Científica, nos explica el desarrollo de ella. Se originó, nos señala el autor, por las críticas que levantó la escuela de Savigny "Histórica", y sus antecedentes deben remontarse al año de 1819, en el que el fundador de la revista "La Thémis", Anastacio Jourdan, ya criticaba los procedimientos empleados por la Escuela Histórica, tachándolos de absurdos y portadores de los mismos errores capitales de sus precederes. Pero no solamente tiene la Escuela Científica estas características que marcan el primer período de su vida al que pudiéramos llamar de la revista "La Thémis" o de "Abastasio Jourdan", el cual comprende del año citado, 1819, al de 1931 inclusive. Com-

57 Borja Soriano Manuel, obra citada, pág. 43.

58 Borja Soriano Manuel, obra citada, pág. 49.

59 Bonnecase Julián, "Introducción al Estudio del Derecho", pág. 239.

prende la historia de esta escuela científica un segundo período, que viene a ser el más importante y se inicia el año de 1899, con Geny. Este segundo período no tiene una denominación propia, como el primero, pero si lo llamamos el período de la renovación de Geny, sería atinado.

Geny, citado por José Castán Tobeñas[60] nos explica el porque de la denominación de su escuela. "Escuela de la Libre Investigación Científica". Es *libre* porque está sustraída a la acción de todo efecto positivo; *Científica*, porque no puede encontrar sus bases sólidas más que en elementos objetivos que han de revelarse en la ciencia; *Investigación*, porque es búsqueda de esos elementos. Ennerecus, citado por el mismo autor, nos dice, refiriéndose a la Libre Investigación Científica[61] "En esta investigación, el juez ha de pensar en la nota suprema del Derecho, en el progreso de la cultura y en el perfeccionamiento del género humano; en síntesis: en la realización de la idea del derecho". Geny, señala Borja Soriano[62] como el resto de los representantes de esta escuela, admite la existencia de las lagunas de la ley, pero no las del derecho; admite la analogía, pero critica su abuso, y ve en la analogía un procedimiento de integración. García Máynez completa la anterior observación[63] refiriéndose a la analogía, señalando que es un procedimiento de integración porque consiste en aplicar a un caso no previsto la disposición concerniente a una situación prevista. Geny, además de la analogía, señala otro procedimiento de integración que consiste en la búsqueda de la voluntad del legislador; pero en el texto mismo de la ley, y no en elementos extraños. Castán Tobeñas comenta en su libro este método[64] y dice de él, que es "Discrecional", por referirse a la libre investigación científica, como también se llama su teoría. Su método discrecional, continúa Castán Tobeñas, concede amplísimas facultades al juez, las que para algunos autores son declarativas y para otras creadoras. Termina por decir que la investigación científica ha de revelarse a la ciencia por elementos objetivos que lleva a la meta del derecho.

---

60 Castán Tobeñas José, obra citada, pág. 309.
61 Castán Tobeñas José, obra citada, pág. 310.
62 Borja Soriano Manuel, obra citada, pág. 49.
63 García Máynez Eduardo, obra citada, pág. 356.
64 Castán Tobeñas José, obra citada, pág. 310.

Después de lo anterior afirmamos que Geny admite las lagunas de la ley, llenándolas por la libre investigación científica y la analogía, y solo valiéndose del "dato histórico" si el texto es oscuro.

Bonnecase, perteneciente a esta escuela de la libre investigación científica o simplemente "Científica", nos enseña que es a esta Escuela a la que se debe la distinción entre fuentes formales, entre las que destaca por importancia la ley[65]. Esta escuela, dice el destacado jurista francés, toma en consideración las fuentes reales en esa búsqueda de los elementos objetivos para integrar. Coincide con Geny, apunta Borja Soriano[66] en que el texto vale por sí mismo; se distingue en que no le interesa el dato histórico o intención legislativa, ni siquiera cuando es oscuro. Bonnecase mismo, en su libro establece como medio de integrar, aparte de esas fuentes reales, "el fin perseguido por legislador"[67] agregando que esto es importante, por que no siempre lo que se expresa es lo que necesariamente se quiso decir; pero siempre debía partirse del texto, por ser un documento que vale por sí mismo.

José Castán Tobeñas critica el método de integrar de la Escuela Científica, diciendo de él que convierte al juez en legislador, usurpando la división de poderes, por ser tan discrecionales las facultades que otorga[68]. El mismo autor establece limitaciones a la libre investigación científica que no viene al caso mencionar. Dentro de esta exposición histórica de las escuelas del derecho en relación con las lagunas, habiendo en la última parte dejado escrito que para la escuela de la Libre Investigación Científica existen las lagunas de la ley, según opiniones de Geny y Bonnecase, pasamos a ver las lagunas de la ley desde el punto de vista de Eduardo García Máynez, Zitelmann y Carlos Cossío.

---

65 Bonnecase Julian, obra citada, pág. 221 y 240.

66 Borja Soriano Manuel, obra citada, pág. 60.

67 Bonnecase Julian, obra citada, pág. 221 y 240.

68 Castán Tobeñas José, obra citada, pág. 144.

EDUARDO GARCÍA MÁYNEZ

El pensamiento del distinguido filósofo jurista mexicano se manifiesta, en relación con las lagunas del derecho, en su obra "Introducción al Estudio del Derecho". Es lógico que este problema aparezca en una materia tan general domo lo es la Introducción, evidentemente que las lagunas es un tema tan amplio con relación al derecho, como que es adepto a todas las diferentes categorías de leyes, sin distinciones. Por más que hoy se diga que fuera de la ley no existe otra fuente, estamos precisamente analizando la falibilidad de legislador para prever todos los casos, lo cual origina las lagunas. Nos parece acertada la posición de esta tratadista en relación con las lagunas de la ley, pues demuestra, que él condensa en la fórmula que nosotros hemos empleado y que por boca de tratadistas mexicanos reza: "Todo lo que no está prohibido está permitido"[69].

García Máynez admite la existencia de las lagunas de la ley, pero no las del derecho fundamental, las lagunas de la ley, en que en ocasiones el legislador nos habla de la existencia de un deber o un derecho, pero deja incompleto esto, ya que no establece cómo ejercitar el primero o exigir el segundo, dando margen a muchísimas posibilidades igualmente válidas. Coincide el pensamiento del discutido doctrinario con el de Geny, en cuanto afirma que "las leyes, una vez publicadas, adquieren independencia del legislador, y que lo que un sujeto expresa no es a fortiori lo que pretendía expresar"[70], agregando que "los textos son la expresión oficial del derecho" y que los documentos extraños sólo deben tomarse como auxiliares[71]. Estamos totalmente de acuerdo con García Máynez, en cuanto a sus ideas relativas a lagunas de la ley. Zitelmann, que es el autor que a continuación pasaremos a desarrollar, también fundamenta el Derecho en la libertad, pero hay algunas frases de él que nos merecen crítica adversa.

El postulado de la primacía y supremacía de la ley, apuntado en la parte introductiva y del que nos habla José Castán Tobeñas; solo

---

69 García Máynez Eduardo, obra citada, pág. 349.
70 García Máynez Eduardo, obra citada, pág. 318.
71 García Máynez Eduardo, obra citada, pág. 349.

permite en la actualidad llenar las lagunas de la ley por un procedimiento que la misma ley establezca. Esto mismo quiere decir el maestro mexicano cuando señala que los documentos extraños a la ley solo deben tenerse como auxiliares. En nuestro derecho, este procedimiento son los principios del artículo catorce; pero también el diecisiete de la misma Carta Magna, que prohíbe hacerse justicia por propia mano, implícitamente fundamenta la obligación de fallar del juez conforme a dichos principios.

ZITELMANN

Gran revuelo y aceptación ha tenido en el mundo jurídico la exposición que este autor hace de las lagunas de la ley. Su fama se debe a un artículo de fondo, tema de algunas conferencias que precedieron a su publicación, y el cual ha aparecido quizá en todas las revistas jurídicas del mundo. Este tratadista solo necesitó un artículo para consagrarse y conocerse universalmente, "Las lagunas de la ley", tiene el acierto de fundar el derecho en la libertad, al igual que los otros autores modernos.

Concretando dice Zitelmann, que existen las lagunas de la ley pero no las del derecho, porque siempre el legislador, como humano no podrá prever todos los casos de detalle (pero éstos y en virtud de que no existen lagunas del derecho, se llenarán por el juez, por la analogía o por los principios generales de derecho).

CARLOS COSSÍO

Este distinguido tratadista sudamericano considera que no puede hablarse de las lagunas de la ley o del Derecho referidas a una misma cosa[72]. Menciona con Donati que las normas positivas son aquellas que existen por excepción. Que el hombre es libre por naturaleza y que las leyes rigen solo excepciones a esa libertad; por eso Zitelmann y Donati hablan de las normas positivas como normas de excepción

---

72 Revista de información jurídica de Madrid, pág. 507.

a la regla general, que es la libertad natural del hombre. "Una regla puramente negativa no es realmente una norma jurídica, sino exclusión de normas jurídicas".

Estamos de acuerdo con Carlos Cossío, cuyo pensamiento se identifica con el del maestro mexicano Eduardo García Máynez; pero nos enseña algo nuevo "no hay lagunas del derecho porque hay jueces". La frase transcrita es completada con la obligación de fallar que tienen los jueces.

Capítulo Sexto

Soluciones adoptadas por legislaciones extranjeras

La mayoría de los códigos civiles vigentes en los distintos países europeos y americanos, es el legislador quien traza el camino que debe seguir el juez para la interpretación de los preceptos legales.

El legislador propone criterios y métodos de interpretación tales como: el gramatical, la analogía, o recurrir a principios generales de Derecho; por tanto, son sistemas vigentes que van contra el pensamiento de las tesis, de los grandes maestros que se han venido mencionando, contra todos los argumentos expuestos en la presente tesis que son aplicables a la crítica de estos sistemas jurídicos.

En sus preceptos legales estos ordenamientos jurídicos deciden el destino de la interpretación.

CRÍTICAS

La crítica es la siguiente:

1° El legislador no ha de ser el que dentro de preceptos legales ordene al juez el criterio a seguir en la interpretación de las normas generales, esta es facultad exclusiva del juez, así como es facultad del legislador elaborar los preceptos jurídicos generales y abstractos.

2° Porque el juez valora, califica, enjuicia según estimaciones valorativas, observa cual es la verdadera norma general aplicable al caso concreto dentro del campo de la lógica de lo humano.

3° Porque el juez no ha de dejarse llevar por etiquetitas bajo los rubros de: hipoteca, compra venta, arrendamiento, etc.

4° Porque estos sistemas recurren a los antiguos y muy criticables y criticados métodos de interpretación a saber: gramatical, lógico, de analogía, etc.

5° Porque elaborando el legislador un precepto jurídico sobre interpretación, es no solo inútil, sino un fracaso en la realidad social tan compleja.

6° Cierto es que el pensamiento del legislador con respecto a las soluciones que ha de dar a los distintos casos que se presentan en la realidad se expresan a través de la palabra contenida en los artículos de los códigos, que las apreciaciones que el legislador hace de justicia para resolver los conflictos y expresados en la palabra de le ley, deben ser tomados en cuenta por el juez, siguiendo los lineamientos que el legislador le ha trazado en el orden jurídico vigente, pero el juez en su labor interpretativa decide e individualizada cual ha de ser la norma, a cual caso concreto se ha de aplicar para realizar la mayor justicia posible, y el legislador no ha de ser quien decida esta labor exclusiva del juez.

Tratándose de lagunas de la ley, el problema es distinto, el legislador puede marcarle al juez las pautas a seguir en preceptos legales para llenar la laguna, así lo hacen muchos ordenamientos jurídicos, algunos de los cuales mencionamos, sin embargo, el problema no queda resuelto. Si el legislador remite al juez a los principios generales de derecho, se podría formular la pregunta ¿cuáles principios generales?, los del derecho positivo, los del derecho natural, ¿los que se desprenden del derecho romano?, y además ¿cuáles son esos principios?; si el legislador remite al juez a la analogía, por más semejanza que una situación de hecho presente con el caso regulado por la ley, el juez no debe dejarse llevar por métodos de analogía para resolver el caso que se le plantea no regulado por la ley, así el juez, cuando se le presente una laguna debe resolver aplicando su criterio estimativo, tomando en consideración todas las situaciones de hecho y dentro de los cauces que la legislación le señale.

CÓDIGO CIVIL ALBERTINO

Artículo décimo quinto: "Cuando una controversia no se puede decidir ni por la palabra ni por el sentido natural de la ley, (método gramatical y lógico) se tendrán en consideración los casos semejantes decididos precisamente por las leyes y los fundamentos de otras leyes análogas: (método de analogía) si no obstante quedare el caso dudoso, deberá decidirse según los principios generales del derecho, teniendo en consideración todas las circunstancias del caso. (¿Cuáles principios: los del derecho positivo, del derecho natural, del derecho romano?)".

CÓDIGO CIVIL ITALIANO

Artículo tercero: "Al aplicar la ley no puede atribuírsele otro sentido que el que resulta claro del significado propio de las palabras según la conexión de ellas (método gramatical y lógico) y de la intención del legislador (subjetivo). Cuando una controversia no se puede decidir por una disposición precisa de la ley, se tendrán en consideración las disposiciones que regulan casos semejantes o materias análogas: (método de analogía) si el caso quedare dudoso aun, se decidirá según los principios generales del derecho. (misma crítica que al precepto anterior sobre principios generales)".

CÓDIGO CIVIL PORTUGUÉS

Artículo décimo sexto: "Si las cuestiones sobre derechos y obligaciones no pudieran ser resueltas ni por el texto de la ley (método gramatical) ni por su espíritu, (¿cuál espíritu? Hablan del espíritu de la ley es muy confuso) ni por los casos análogos previstos en otras leyes, (método de analogía) se decidirán por los principios de derecho natural, conforme a las circunstancias del caso".

CÓDIGO CIVIL ARGENTINO

Artículo décimo sexto: "Si una cuestión civil no puede resolverse ni por las palabras ni por el espíritu de la ley, se atenderá a los principios de leyes análogas, y si aún la cuestión fuere dudosa, se resolverá por los principios generales del derecho, teniendo en consideración las circunstancias del caso, (las mismas críticas que al precepto anterior)".

CÓDIGO CIVIL ESPAÑOL

Artículo sexto: "Cuando no hay ley exactamente aplicable al punto controvertido, se aplicará la costumbre del lugar, y, en su defecto, los principios generales del derecho". (Este artículo reconoce expresamente a la costumbre como fuente del derecho positivo español; lo cual parece correcto pues como se observó, es la costumbre una práctica constante en la vida social).

CÓDIGO CIVIL SUIZO

Artículo primero: "La ley rige todas las materias a las que se refieren la letra (método gramatical) o el espíritu de una de sus disposiciones. A falta de una disposición legal aplicable, el juez resuelve según el derecho consuetudinario, y a falta de una costumbre, según las reglas que establecería si tuviera que hacer acto de legislador (método tradicional sumamente criticable). Se inspira en las soluciones consagradas por la doctrina y la jurisprudencia", (¿Cuál es el criterio del legislador?).

SOLUCIONES ADOPTADAS POR LA LEGISLACIÓN MEXICANA

Códigos civiles mexicanos para el Distrito y territorios federales (1870-1884)

Código de 1870 y 1884

Artículo noveno: "Contra la observancia de la ley no puede alegarse desuso, costumbre o práctica en contrario". (Aquí, el legislador prohibió expresamente la costumbre para alegar la aplicación de una ley. Se considera que está dentro de la facultad del legislador como órgano del estado, el no reconocer a la costumbre como fuente del derecho).

Artículo vigésimo: "Cuando no se puede decidir una controversia judicial, ni por el texto ni por el sentido natural o espíritu de la ley, deberá decidirse según los principios generales de derecho, tomando en consideración todas las circunstancias del caso". (La influencia de las escuelas tradicionales en este artículo es decisiva, recurre al texto mismo y al espíritu de la ley, sin embargo, contiene algo favorable para llenar la laguna de la ley, y es la de tomar en consideración todas las circunstancias del caso).

Código Civil citado de 1884

Artículo vigésimo primero: "En caso de conflictos de derechos y a falta de ley expresa para el caso especial, la controversia se decidirá a favor del que trate de evitarse perjuicios y no a favor del que pretenda obtener lucro. Si el conflicto fuere entre derechos iguales o de la misma especie, se decidirá observándose la mayor igualdad posible entre los interesados". (En este artículo se asienta felizmente la idea de justicia, en caso de laguna).

Código de Comercio Mexicano

Artículo un mil trescientos veinticuatro: "Toda sentencia debe ser fundada en ley, y si ni por el sentido natural, ni por el espíritu de ésta, se puede decidir la controversia, se atenderá a los principios generales de derecho, tomando en consideración todas las circunstancias del caso".

Constitución Política de los Estados Unidos Mexicanos

Artículo décimo cuarto: "En los juicios del orden civil, la sentencia definitiva deberá ser conforme a la letra o a la interpretación jurídica de la ley, y a falta de ésta, se fundará en los principios generales del derecho".

Artículo décimo séptimo: "Ninguna persona podrá hacerse justicia por sí misma ni ejercer violencia para reclamar su derecho. Los tribunales estarán expeditos para administrar justicia..." (He aquí el fundamento constitucional del órgano jurisdiccional encargado de la resolución de los conflictos suscitados y de la administración de justicia, constitucionalmente es el juez quien está facultado para la interpretación de los preceptos legales).

Código Civil Mexicano para el Distrito y territorios Federales en materia común y para toda la República en materia Federal, de 1928

Artículo décimo: "Contra la observancia de la ley no puede alegarse desuso, costumbre o práctica en contrario. (Siguiendo al código anterior el estado expresamente reconoce que la costumbre no es fuente principal del derecho vigente mexicano).

Artículo décimo primero: "Las leyes que estableen excepción de las reglas generales no son aplicables a caso alguno, que no esté expresamente especificado en las mismas leyes".

Artículo décimo octavo: "El silencio, obscuridad o insuficiencia de la ley, no autorizan a los jueces o tribunales para dejar de resolver una controversia". (Este artículo resuelve la presencia de lagunas, es decir, la plenitud hermética del orden jurídico).

Artículo décimo noveno: "Las controversias judiciales del orden civil deberán resolverse conforme a la letra de la ley o a su interpretación jurídica. A falta de ley se resolverán conforme a los principios generales de derecho". (La influencia de las doctrinas tradicionales sobre este precepto es decisiva).

Artículo vigésimo: "Cuando haya conflicto de derechos, a falta de ley expresa que sea aplicable, la controversia se decidirá a favor del que trate de evitare perjuicios y no a favor del que pretenda obtener lucro. Si el conflicto fuere entre derechos iguales o de la misma especie, se decidirá observando la mayor igualdad posible entre los interesados". (Este artículo alega la justicia).

Código Mexicano de Procedimientos civiles para el Distrito y Territorios Federales

Artículo ochenta y dos: "Quedan abolidas las antiguas fórmulas de las sentencias y basta con que el juez apoye sus puntos resolutivos en preceptos legales o principios jurídicos, de acuerdo con el artículo décimo cuarto constitucional". (Este artículo es sumamente liberal).

Artículo ochenta y tres: "Los jueces y tribunales no podrán, bajo ningún pretexto, aplazar, dilatar ni negar la resolución de las cuestiones que hayan sido discutidas en el pleito".

Ley de Títulos y Operaciones de Crédito

Artículo segundo: "Los actos y las operaciones a que se refiere el artículo anterior, se rigen: I. por lo dispuesto en esta ley y en las demás leyes especiales relativas, en su defecto; II. Por los usos bancarios y mercantiles…" (Este artículo le otorga la costumbre como fuente secundaria de derecho).

Ahora bien, con lo que respecta al Código Civil de 1828 contienen substancialmente los mismos preceptos de los dos códigos anteriores, es decir siguen el método clásico tradicional de las escuelas exegéticas.

Como se observa en México y en algunos países europeos y americanos queda todavía arraigada el método tradicional en la interpretación del derecho, no asiendo así en Estados Unidos y Alemania, cuyas escuelas sociológicas y de intereses respectivamente, han tenido aplicación práctica.

El tema de la interpretación tiene más interés en la práctica sin dejarlo de tener en la teoría, y es una necesidad urgente el modificar los preceptos legales citados con anterioridad para así llevar a la práctica la revolución creada en la teoría sobre la interpretación del derecho, para resolver conforme a la equidad.

Conclusiones

1. Existe una filosofía del derecho puesto que el derecho no puede explicar por sí mismo, los conceptos de tipo filosófico que son propios de esta ciencia.

   La filosofía del derecho comprenderá el conocimiento total de lo jurídico, la reflexión filosófica sobre su naturaleza y valor. Sus problemas fundamentales son dos: el relativo a la esencia misma del derecho y el relativo a los valores propios de lo jurídico.

2. La ciencia del derecho o también llamado Jurisprudencia Técnica tiene por objeto la ordenación de las normas jurídicas vigentes, es decir, sostenidas por la autoridad política de un lugar y época determinados, y comprende además el problema relativo a la interpretación y aplicación de estas normas.

   Son dos sus problemas fundamentales: uno de tipo teórico que compete a la Sistemática Jurídica que trata de sistematizar a ese derecho vigente en diversos criterios, por ejemplo, en Público y Privado, etc., y el otro de tipo práctico que concierne precisamente a la interpretación y aplicación de estos preceptos legales vigentes.

3. Sin embargo, el problema de la interpretación no es de técnica jurídica, sino que es un problema suscitado por el derecho a la filosofía, es un producto de necesarias crisis de la conciencia jurídica que el mismo dogmatismo prova y no puede afrontar. El maestro Recasens dice que se trata de pensamientos que si bien tienen un auténtico rango filosófico, no pretenden la elaboración de un sistema de filosofía del derecho, sino son más bien reflexiones filosóficas estimuladas por necesidades sentidas en la aplicación judicial y administrativa del derecho.

4. Para entrar en el estudio de la interpretación es sumamente importante definir los conceptos de interpretación y de derecho.

   Interpretación Gramaticalmente está formada del latín *interpres*, es decir entre y *pretum*, valor. Cuya acción consiste en la actuación del espíritu que en un procedimiento intelectual y lógico al investigar y definir desentraña explicativamente el sentido de cualquier expresión. *Desentrañar* significa el sentido que toda expresión contiene. *Expresión* es un signo o conjunto de signos que tiene significación.

Para conocer, el ser humano, necesita interpretar, es decir para volver inmanente lo trascendente es necesario que interprete el mundo en que vive.

Algo se conoce cuando se da el hombre cuenta de lo que ese objeto es, su forma, sus elementos, el conocimiento implica dos operaciones fundamentales, una la actividad pensante y otra el resultado de esa operación que es el pensamiento mismo.

El pensamiento se exterioriza en la expresión, y ésta a su vez en la palabra escrita o hablada. He aquí una necesidad en origen, es decir, la interpretación de las expresiones en que interviene la voluntad del hombre.

5. Concepto de derecho. Las definiciones que de éste se han dado en la historia son múltiples, sin embargo, seguimos la definición que se desprende de los estudios realizados por el maestro Recasens al diferenciar el derecho de las demás normas que se le parecen, de sus estudios sobre las funciones del derecho, en fin, lo que es proprio de él. El maestro Recasens no da una definición, pero como se dijo anteriormente ésta se deduce: derecho es una norma de impositividad inexorable, bilateral, para la ordenación de las relaciones externas interhumanas, que menta intencionalmente unos valores específicos notoriamente el de justicia, instituye criterios estables; que tiene como funciones la obtención de la seguridad, de las dosis viable de certeza; la resolución de los conflictos de intereses, y la justificación, limitación y organización del poder político.

La interpretación del derecho no es un simple desentrañar explicativamente el sentido de la expresión contenida en las palabras que constituyen la norma, cierto es que son las palabras la expresión del pensamiento del legislador, el cual debe ser tomado definitivamente en cuenta por el intérprete, sino que es más que eso: interpretar el derecho constituye una serie de operaciones mentales recíprocamente entrelazadas de modo solidario e inescindible, contemplando la norma el intérprete a través de sus estimaciones valorativas y conjugándola con el caso concreto.

6. En el siglo XIX existieron dos posiciones opuestas entre si pero que tenían en común la aplicación de los mismos criterios y métodos para la interpretación. Por una parte, la Escuela Exegética y por la otra la Escuela Histórica.

   La Escuela Exegética sostiene con firmeza de que todo el derecho positivo está contenido en la ley escrita, la cual nos da las soluciones de los problemas jurídicos por vía de deducción, por tanto, la ley es el derecho. El juez es en su criterio instrumento para aplicar la ley servilmente, nunca debían apartarse de los textos legales; y prohibían la interpretación. Aplican el método deductivo a la aplicación de la ley y ofrecen reglas hermenéuticas: el intérprete debe reconstruir el pensamiento legislador con una interpretación puramente gramatical o literal; si el sentido de la ley es dudoso el intérprete debe investigar la intención del legislador valiéndose del método lógico-tradicional.

   La Escuela Histórica por su parte se inclina por interpretar las leyes según el sentido objetivo que ellas mismas expresan, por tanto, no buscan como la otra escuela el método subjetivo, sino más bien el objetivo, pues la significación objetiva de la ley se consigna a través de la fórmula que expresa y hablan de la voluntad de la ley pero no de la voluntad del legislador. La ley es una consecuencia lógica de necesidades históricas y sociológicas por tanto debe el intérprete atenerse a su espíritu.

   Los métodos que utiliza esta escuela son: el gramatical, el lógico y el histórico.

   Ambas escuelas coinciden con la aplicación del método de la lógica tradicional en la interpretación y consideran a la norma jurídica como una fórmula o deducción matemática: premisa mayor-norma jurídica; premisa menor hechos relevantes jurídicamente; conclusión-sentencia judicial o resolución administrativa.

7. Contra estas posturas se levanta la escuela de Derecho Libre que no está constituida por un conjunto orgánico y sistemático de

doctrinas unitarios y ordenadas, sino que se manifiesta en innumerables autores y obras. Esta escuela se divide en dos períodos: precursores y realizadores. Entre los primeros encontramos a Thering, Franz Adickes, Bullow, Dernburg, J. Kohler, Ehrlich. Entre los segundos encontramos a Kantorowicz, Gustavo Radbruch, Eduardo García Máynez, Geny, Kelsen, la Jurisprudencia de Intereses alemana, y la Jurisprudencia Sociológica norteamericana, Luis Recasens Siches.

Todas estas posturas y autores unos más, otros menos concuerdan en los siguientes puntos: el juez es un verdadero creador del ordenamiento jurídico vigente; el método de la lógica tradicional físico-matemático es insuficiente, el juez no solamente está llamado a descubrir el derecho sino a crearlo cuando las circunstancias así lo exijan teniendo como fin último la realización de la justicia; el juez debe obedecer al orden jurídico pero no profesar una sumisión incondicional y servil a los textos legales.

8. Luis Recasens Siches ha determinado en su obra "Nueva Filosofía de la Interpretación del Derecho", el real fundamento teórico de todas estas posturas de la Escuela de Derecho Libre; introduce el método de la lógica de lo humano, y habla de un solo método de interpretación: la equidad. Habiendo llegado los jueces a sentencias justas, justifican su posición buscando el método de interpretación que se adapte a esta sentencia justa, pero lo que realmente están haciendo es aplicar la equidad. Este pensamiento será expuesto a través de las demás conclusiones.

9. El derecho se encuentra producido por los hombres para la resolución de los conflictos que se le presentan en la vida social, lo elabora bajo ciertas circunstancias que requieren sen resueltas, con el propósito de realizar valores principalmente el de justicia. Este producto humano se hace objetivo en las normas; leyes, reglamentos, sentencias.

10. El derecho posee una triple dimensionalidad:

    a) El derecho es un objeto ideal.

b) El derecho es una norma humana con validez fundada y circunscrita por el Estado que tiene competencia para dictarla y aplicarla.

c) El derecho es una realidad sociológica, aparece como efecto de causa social, y es a la vez causa que produce efecto social.

11. El derecho como norma humana con validez fundada y circunscrita por el Estado en una época y en un lugar determinados, o sea el derecho vigente, tiene tres fuentes fundamentales: la legislación, la costumbre y la jurisprudencia. Pero en todo caso la única fuente del derecho vigente es la voluntad del Estado.

12. Este derecho vigente se presenta como un conjunto de normas jurídicas sistemáticamente ordenadas en forma jerárquica, es decir, en forma de pirámide, en donde unas son fundamento de otras, y éstas a su vez son fundamento de otras de rango aún más inferior, cuya validez respectivamente deriva de su fundamentación en la norma jerárquicamente superior llamada Constitución.

    Esta norma llamada Constitución tiene su fundamento en la norma fundamental precedente en el tiempo, y ésta a su vez en la precedente, hasta que llega el momento en que existe sólo la primera norma fundamental. Este problema de la fundamentación de la primera norma fundamental ya no cae dentro de lo jurídico, sino que su fundamento es metajurídico: ya sociológico, ya político, ya histórico. (revolución, golpe de Estado, conquista, etc.).

13. Le legislación ordinaria es la inmediata inferior a la Constitución, la ley se puede ver desde dos puntos de vista: material y formal. Desde el primer punto de vista ley es una norma jurídica general y abstracta, desde el segundo, ley es toda disposición emanada del Poder Legislativo.

14. La ley NO es todo el derecho sino una parte de él, sin duda la más rica en los Estados de derecho legislativo. La ley se presenta como una de las formas que el derecho emplea para exteriorizarse y como toda expresión contiene una significación, necesita por tanto de interpretación. Esta expresión aparece representa-

da por los artículos de los códigos, estos a su vez, se sirven de las palabras escritas que en su aspecto físico son un signo o conjunto de signos que para cumplir su cometido es preciso que tengan significación.

15. El reglamento es jerárquicamente inferior a la ley, desde el punto de vista formal es el emanada del poder ejecutivo, y desde el punto de vista material, es considerado, como una ley.

16. Otro escalafón de la pirámide jurídica lo constituyen las normas particulares, concretas, individuales, tales como las derivadas del contrato, de los negocios jurídicos, siendo normas jurídicas porque el ordenamiento jurídico respectivo les concede el rango de tales.

17. El grado más inferior de la pirámide jurídica lo ocupa la sentencia y la resolución administrativa.

18. La norma general establece situaciones generales y abstractas, pero para que ésta norma opere es necesario que se le individualice y se concrete a un determinado caso que se presente en la realidad. Esta es la única manera de hacer actuar y operar un ordenamiento jurídico positivo-vigente sobre realidades.

19. La norma general (ley o reglamento) es una norma incompleta, imperfecta; la única norma perfecta y completa es la individualizada, la concreta, puesto que ya ha operado la interpretación e individualización de esa norma jurídica.

20. La costumbre rigió sobre todo en los pueblos primitivos, sin embargo, existen ordenamientos jurídicos actuales, en los que sigue rigiendo la costumbre, en estos países constituye la costumbre una fuente primordial en su derecho vigente. En los países de derecho legislado la costumbre es fuente secundaria.

21. La Jurisprudencia constituye un conjunto de normas individualizadas que reúnen ciertos requisitos señalados por la legislación: que provengan de autoridades judiciales superiores, que esas normas individualizadas sean determinadas en el mismo sentido sin ninguna determinación en contrario, etc. Le toca a cada legislación decidir las características que debe tener la jurisprudencia para considerarse obligatoria, general y abstracta.

Ya habiéndose constituido jurisprudencia se crea una norma general, sin embargo, si una norma individualizada de la materia que constituyó jurisprudencia se determina en sentido contrario deroga esa norma general que se creó.

22. Todas las fuentes del derecho mencionados deben ser tomadas en consideración por el juez en su labor interpretativa, así como también, la validez formal de éstas, es decir, el lugar que ocupan dentro de la pirámide jurídica.

23. La mal llamada interpretación legislativa por algunos autores, es más bien la creación de una nueva legislación suplementaria, puesto que el problema de la interpretación se vuelve a presentar. En el fondo es el mismo, pero con diferente planteamiento, desplazado del texto anterior al posterior, pero en última constancia ambas normas interpretadas exclusivamente por el órgano jurisdiccional.

24. La interpretación de una norma generalmente es efectuada por los mismos obligados en la ley, o por su abogado, pero en última instancia, cuando surja alguna controversia la interpretación será hecha por el juez cuya interpretación es obligatoria.

25. El juez en su labor interpretativa individualiza, particulariza a la norma general y abstracta, y crea una nueva norma, pero esta norma es singular, obligatoria, perfecta, y la única capaz de hacerse cumplir coactivamente.

26. El juez está subordinado a la ley, interpreta tomando en consideración las apreciaciones valorativas en las que el legislador se inspiró, el juego de intereses que éste tomó en cuenta; es decir, debe conciliar la seguridad y certeza que proporciona la ley con la justicia.

27. La sentencia no es un producto de un silogismo como creían las escuelas Exegética o Histórica, sino que es ante todo como dice el maestro Recasens "una recíproca interrelación entre la constatación de hechos, su calificación y la norma jurídica general aplicable a esos hechos".

28. Tanto el legislador como el juez para formular el contenido de sus respectivas normas, tendrán que tomar en consideración, cri-

terios estimativos, estudios sociológicos, la vida humana misma, proponiéndose con esto la realización de la mayor justicia posible.

Entonces bien, para elaborar los contenidos de las normas jurídicas, se deberán colocar en un campo de lógica, pero distinto al de la lógica tradicional, a este campo de la lógica Recasens lo llama logos de lo razonable.

29. La lógica tradicional o fisicomatemática, estudia las ideas puras, los conceptos a priori, las leyes del silogismo, los axiomas. La lógica es definida como la ciencia que estudia las leyes del pensamiento. Comprende tres operaciones fundamentales: concepto, juicio y raciocinio. Estas operaciones se entrelazan formando el silogismo o sea la argumentación que consiste en deducir o sacar una proposición de otra con las cuales está enlazada. Es precisamente contra la aplicación de este silogismo contra el cual las escuelas del Derecho Libre se levantan.

30. La lógica le proporciona a las ciencias el objeto y método propio de ellas. El derecho como ciencia participa de la lógica, la cual le proporciona su objeto y método propio. Los principios lógicos como el de identidad, de contradicción, de tercero excluido, de razón suficiente, son aplicados al derecho en tanto ciencia: el a priori jurídico, las categorías jurídicas. Pero la aplicación de la lógica a la interpretación del derecho a manera de silogismo es errónea puesto que traerá en muchas ocasiones terribles injusticias.

31. El logos de lo humano constituye, en el campo de la interpretación del derecho, porque el derecho es vida humana objetivada.

32. La lógica tradicional no es toda la lógica. Lógica son razones, son pensamientos y por tanto la existencia humana, la vida misma del hombre son estudiados por ella. Pero no son estudiados por esa lógica fisicomatemática, sino por otra lógica: la lógica que llama Ortega y Gasset la razón vital e histórica, o como la llama Dewey la experiencia práctica, o como diría el maestro Recasens al aplicar esta lógica al campo de la interpretación del derecho: la lógica de lo humano o logos de lo razonable. Y es que hay un campo muy basto que explorar además de la lógica tradicional,

es ese campo que está constituido por la complejidad y dimensionalidad de la vida humana, pero lógica al fin.

33. El legislador está imposibilitado para prever todos los casos que la realidad social presenta. Cuando se encuentra el juez con una situación de hecho no prevista por una norma, obligatoriamente debe resolver. Es por tanto una obligación y una facultad del juez. Este principio es el del hermetismo jurídico: "el derecho no posee lagunas". Así se plantea ante el juez el problema de la laguna de la ley, resuelve según las pautas axiológicas en que el orden jurídico se inspira, tomando en consideración también todas las situaciones de hecho que el caso presente, realizando así la mayor justicia posible.

34. El principio de la plenitud hermética del orden jurídico es un principio a priori que contiene todo ordenamiento jurídico positivo vigente ante una laguna de la ley o bien en una contradicción entre preceptos de una misma legislación.

35. Según el criterio de las diversas escuelas de la existencia o no de las lagunas de la ley tenemos: la Escuela Exegética con su riguroso hermetismo de que todos los casos son previstos, no acepta las lagunas de la ley.

    Pero las lagunas de la ley existen porque el legislador no prevé todos los casos que la compleja realidad presenta y para cumplir con el principio del hermetismo jurídico, el juez resuelve.

36. La mayoría de los códigos civiles vigentes en los distintos países europeos y americanos el legislador traza el camino que debe seguir el juez para la interpretación de los preceptos legales. El legislador propone criterios y métodos de interpretación tales como el gramatical, el subjetivo, el lógico, el objetivo. Son sistemas por tanto que van contra el pensamiento de las tesis de los grandes maestros que se han mencionado en el presente trabajo. El legislador no ha de ser el que dentro de preceptos legales ordene al juez el criterio a seguir en la interpretación de las normas generales, esta es facultad exclusiva del juez porque valora, califica, enjuicia, se coloca en el campo de la lógica de lo humano.

37. El legislador puede prever en sus preceptos legales como debe actual el juez ante una laguna, muchos ordenamientos jurídicos lo remiten a principios generales de derecho, al método de analogía, pero en realidad no da la solución para el problema de la laguna de ley, en este caso el juez ha de guiarse por su propio criterio estimativo, pero siempre dentro de los causes que el ordenamiento jurídico le señala.

Bibliografía

BONNECASE JULIÁN. "Escuela de Exégesis en el Derecho Civil". París, Francia. 1956.

BONNECASE JULIÁN. "Introducción al Estudio del Derecho". París, Francia. 1956.

BORJA SORIANO MANUEL. "Teoría General de las Obligaciones", Tomo I Introducción. México. 1966.

BOULANGER RIPERT. *"Derecho Civil"*. Parte General (según el Tratado de Planiol). París, Francia. 1960.

Código Civil Mexicano para el Distrito y Territorios Federales en Materia Común, y para toda la República en Materia Federal.

Código Civil Albertino

Código Civil Italiano

Código Civil Portugués

Código Civil Argentino

Código Civil Español

Código Civil Suizo

Constitución Política de los Estados Unidos Mexicanos. México. 1969.

COSSÍO CARLOS. "La Plenitud del Ordenamiento Jurídico". Buenos Aires, Argentina. 1963.

CASTÁN TOBEÑAS JOSÉ. "Teoría de la Aplicación e Investigación del Derecho". México. 1945.

DE BUEN DEMÓFILO. "Introducción al Estudio del Derecho". México. 1954.

DE PINA RAFAEL. "Curso de Derecho Procesal de Trabajo". México. 1965.

DE PINA RAFAEL. "Derecho Civil". Primer Curso. México. 1965.

FLORES BARRUETA BENJAMÍN. "Lecciones de Derecho Civil". México. 1966.

GENY FRANCOIS. "Método de Interpretación y Fuentes en el Derecho Privado Positivo". México. 1948.

GARCÍA MÁYNEZ EDUARDO. "Introducción al Estudio del Derecho". México. 1964.

GONZÁLEZ DÍAZ LOMBARDO FRANCISCO. "Introducción a los Problemas de la Filosofía del Derecho". México. 1956.

HERNÁNDEZ GIL. "Método del Derecho". México. 1965.

HUSSERL. "Investigaciones lógicas". México. 1960.

JHERING. "El Espíritu del Derecho Romano". México. 1962.

KELSEN HANS. "El Método y los Conceptos Fundamentales del Derecho". México. 1965.

KELSEN HANS. "Teoría General del Derecho". México. 1965.

LEGAZ Y LOCAMBRA LUIS. "Introducción a la Ciencia del Derecho". Madrid, España. 1956.

LAURENT. "Principios de Derecho Civil Francés". México.

MARGADANT FLORIS GUILLERMO. "Derecho Romano". México. 1968.

MAZEAUD HENRY-LEÓN Y JEAN. "Lecciones de Derecho Civil". Parte primera. Introducción. México. 1962.

A. PADILLA ROBERTO. "Lógica" (manual). México. 1967.

PLANIOL. "Tratado Elemental de Derecho Civil". Ed. Francesa. Doceava Edición. México. 1943.

PRECIADO HERNÁNDEZ RAFAEL. "Lecciones de Filosofía del Derecho". México. 1947.

RADBRUCH GUSTAVO. "Filosofía del Derecho". México. 1966.

RECASENS SICHES LUIS. "Tratado de Filosofía del Derecho". México. 1965.

RECASENS SICHES LUIS. "Nueva Filosofía de la Técnica Jurídica". México. 1970.

RECASENS SICHES LUIS. "Nueva Filosofía de la Interpretación del Derecho". México. 1969.

REVISTA DE INFORMACIÓN JURÍDICA. Madrid, España.

ROJINA VILLEGAS RAFAEL. "Introducción y Teoría del Derecho". México. 1968.

SALVAT RAYMUNDO. "Tratado de Derecho Civil Argentino". Parte General. Tomo I. I.B.A. Buenos Aires, Argentina. 1962.

SAVIGNY FEDERICO CARLOS DE. "Sistema de Derecho Romano Actual". Tomo I. Paris, Francia. 1942.

SAVIGNY FEDERICO CARLOS DE. "De la Vocación de Nuestro Siglo para la Legislación y para la Ciencia del Derecho". Madrid, España. 1942.